Pergunte ao Max

Pergunte ao Max

Max Gehringer responde a 164 dúvidas sobre carreira

EDITORA GLOBO

Sumário

Apresentação

Max Gehringer é um caso raro de gente capaz de combinar substância e humor em tudo que faz: palestras, artigos, livros, conselhos sobre carreira no rádio e na tevê. Você aprende com Max e ri com Max, e esta é a razão de seu enorme sucesso.

Max fez uma carreira de sucesso. Galgou posições até chegar ao cargo de presidente. Iniciou depois uma segunda – e ainda mais vitoriosa – vida profissional, a de conferencista. Parte do tempo que a agenda flexível de palestrante lhe oferece é gasta em esclarecer dúvidas sobre carreiras em variadas mídias, e sempre com desempenho soberbo.

Sua coluna na *Época* – Pergunte ao Max é uma das grandes atrações da revista. O livro que você vai ler em seguida é uma seleção das recomendações de Max Gehringer. Leia rápido. Ou seu colega de escritório vai ganhar de você a disputa por aquela promoção.

Paulo Nogueira

Diretor Editorial da Editora Globo

Introdução

Reconhecimento. Nas pesquisas internas de clima, feitas por empresas, esse tem sido o maior foco de queixas. Os empregados estão sentindo falta de um mero cumprimento por um trabalho bem-feito. Ou, simplesmente, de um pouco mais de calor humano. Enquanto o planeta padece pelo superaquecimento, o universo corporativo parece trilhar o caminho inverso – o gradativo esfriamento das relações entre as pessoas.

Minha coluna semanal na revista *Época* me tem permitido comprovar, por meio do testemunho direto dos leitores que me escrevem, que as pesquisas estão corretas. Perto de 40% das mensagens que recebo mencionam a falta de reconhecimento, o crescente distanciamento dos chefes, a falta de processos formais ou informais de avaliação, e a inexistência de planos de carreira.

Empregado sofre. Mas sofre muito mais quem não tem emprego. Ou quem tem, mas se sente subutilizado pela empresa, fazendo trabalhos aquém de sua formação e de sua capacidade. Somando essas duas situações, chegamos a mais 40% das mensagens. Essa é a matéria-prima com a qual venho trabalhando: as pequenas e as grandes frustrações do dia-a-dia corporativo.

É claro que há pessoas que escrevem para elogiar as empresas em que trabalham. São 4, em média, a cada mil mensagens. E a constatação é óbvia: no quesito "relação com os colaboradores", as empresas podem ser muito melhores do que são. Tento, por meio de respostas às perguntas que me chegam, revelar esse mundo corporativo que não está nos sites, nem nas comunicações internas das empresas – o mundo de quem deseja mais oportunidades e melhores explicações.

Meu trabalho tem sido orientado não para a auto-ajuda vazia ("acredite em você e você triunfará", a versão moderna do arcaico "hei de vencer"), mas na tentativa de mostrar caminhos e obstáculos palpáveis. Este livro faz um apanhado dessas situações cotidianas. Espero que ele possa ser de utilidade tanto para quem pede, quanto para quem decide.

Max Gehringer

Escrever...

■■■ um bilhetinho e anexá-lo ao currículo, que deve ser bem objetivo, sem erros de português nem firulas, é o primeiro passo para chamar a atenção de um executivo. E há coisas igualmente importantes para se colocar, ou não, nesse documento.

Tenho 47 anos. Devo colocar minha idade no currículo? [Guaracy]

Deve. Mas vamos pensar nos motivos que você teria para não colocar. Digamos que uma empresa quer preencher uma vaga e estipulou que o contratado deve ter entre 25 e 40 anos. Você poderá ser chamado para uma entrevista se não revelar no currículo que está acima dessa faixa etária. Aí, o entrevistador vai notar que você tem uma aparência de 30 anos e um entusiasmo de 20. Isso é o que as pessoas imaginam, mas não é o que acontece. Se a empresa considerou a idade como fator limitante, sempre vão aparecer candidatos adequados dentro da faixa requerida. E é mais fácil para o entrevistador selecionar alguém que se encaixa no perfil que defender a contratação de alguém que extrapolou o limite. Portanto, revele sua idade, sem temores. E procure encaminhar o currículo para empresas de pequeno e médio porte. Para elas, "anos vividos" é sinônimo de "experiência adquirida". Para as grandes, é sinônimo de "inadequado ao perfil". E nunca é demais lembrar que as pequenas e médias empresas são responsáveis por 70% dos postos de trabalho na iniciativa privada.

Tenho 52 anos. Devo colocar minha idade no currículo? [João Eugênio]

Deve. Essa é uma prática que já está disseminada, e a falta da idade no currículo pode passar a impressão de que o candidato está querendo escondê-la. Se uma empresa não contrata funcionários acima de determinada idade, é melhor não ser chamado para uma entrevista que ser chamado e perder tempo – já que a contratação não vai mesmo acontecer.

Devo incluir no currículo minha pretensão salarial? [Silvana]

Não. O salário recebido no fim do mês é apenas uma parte do que se chama "pacote de remuneração". Muitas empresas oferecem benefícios que complementam o salário. Um plano de assistência odontológica, por exemplo, ou um programa de financiamento de cursos para os colaboradores. Em casos assim, quem está ganhando R$ 900 pode vir a aceitar um emprego de R$ 800 e sair no lucro. Também não se deve escrever "salário a combinar". Quem combina salário é servente de pedreiro. Empresas têm faixas salariais definidas, que podem ou não ser aceitas pelo candidato.

Sou afro-descendente. Devo deixar isso explícito no currículo? [Nathann]

Não. Você deve colocar no currículo apenas as informações que demonstrem suas aptidões profissionais para desempenhar bem uma função. Cor da pele, religião, time do coração, orientação sexual, nome dos filhos – Brunna e Thiago, por exemplo – são as chamadas "informações vazias". Podem até ser motivo de orgulho pessoal, mas não têm nenhuma importância para a empresa.

Tenho vários colegas que mentem em seus currículos. Só que eles são chamados para entrevistas, e eu não. A solução seria mentir também? [Ana Paula]

Infelizmente, mentir no currículo é um esporte universal. É o que se chama de "maquiar os fatos". No Brasil não há, ao que eu saiba, dados estatísticos a respeito de mentiras em currículos. Mas nos Estados Unidos, onde há pesquisa para tudo, descobriu-se que quase a metade das pessoas mente. Essas pesquisas revelam também que homens mentem mais que mulheres. E que, quanto menor a vaga, maior a mentira. Candidato a gerente mente mais que candidato a diretor. E quais são as mentiras mais freqüentes? Transformar seminário de fim de semana em "curso de aperfeiçoamento profissional". Transformar a participação em um grupo de trabalho em "liderança de um projeto". Mencionar números que são impossíveis de checar, como reduções de custo. Mencionar "fluência" em idiomas. Alguns pecam por omissão, esquecendo, por exemplo, de mencionar a idade. Outros pecam por excesso, colocando até as horas de auto-escola para tirar a carteira de motorista e chamando isso de "habilitação em deslocamento motorizado". A prática de dourar a pílula está tão disseminada que um amigo meu até diz: "Sou ético. Nunca exagero nas mentiras". Mas, em resumo, mentir no currículo é sempre ruim. Porque, cedo ou tarde, a mentira vem à tona. É melhor esperar com paciência para conseguir uma entrevista – algo que afeta seu presente – que correr o risco de ser dispensada por ter mentido – algo que afetará irremediavelmente seu futuro.

Como deve ser um currículo? Há algum modelo-padrão?

[Alvarenga]

Sim, há alguns. E sugiro que você não os utilize. Porque, se você mandar um currículo padronizado a uma empresa, ele se parecerá com centenas de outros. E aí você perderá a chance de surpreender a quem os estiver analisando. O segundo fator a considerar é o tempo de quem lê. Ao preparar seu currículo, você deve pensar que ele cairá sobre uma mesa, no meio de uma pilha de dezenas de outros currículos. Por isso, quanto mais sucinto ele for, mais chance terá de ser lido inteiramente. Deixe-me dar-lhe um exemplo. Na internet, há muitos sites com a biografia de Pierre Curie. Certamente, existe muito mais gente que perguntará "quem?" do que gente que conhece o trabalho dele. E esse é exatamente o ponto. O profissional que vai receber seu currículo também não sabe quem você é nem o que você fez. Um desses sites contém as informações básicas sobre Pierre Curie. As datas principais da vida dele, onde estudou, o que ele fez pela Ciência. A biografia tem exatas 28 linhas. Daria meia página, quando muito. Já outro site tem quatro páginas inteiras. Mas quem não conhece Pierre Curie vai aprender mais sobre ele em 28 linhas que em quatro páginas. Porque, para os leigos, uma biografia longa mais confunde que ajuda. Um currículo é a mesma coisa. Não é uma autobiografia detalhada. É um breve resumo – não por acaso, em francês e em inglês "currículo" tem o nome de "resumé". Há alguns anos, entrou na moda um modelo de currículo cheio de "verbos afirmativos" na primeira pessoa: fiz, contribuí, implantei, dirigi, supervisionei. Isso chegou a ser uma novidade, mas logo se tornou pedante. Exatamente porque virou um modelo-padrão. Minha sugestão é que seu currículo tenha apenas informações essenciais. Escolas que você freqüentou, empresas em que trabalhou, cargos que ocupou. Finalmente, pense no óbvio: todo mundo manda o mesmo currículo para dezenas de empresas. Para se diferenciar, basta você grampear em seu currículo um bilhetinho, de cinco linhas. Nesse bilhetinho, explique por que você quer trabalhar *naquela* empresa. Pode ser qualquer coisa. Por exemplo, você é cliente, ou consumidor, ou fã. Há anos, quando enviei meu currículo a uma empresa de salgadinhos, meu bilhetinho dizia: "Quero ajudar a produzir os salgadinhos que meus filhos consomem". E fui chamado, não porque a frase era um primor literário, mas porque era sincera. E foi exatamente a frase que fez meu currículo – que nem era lá muito diferente dos demais – se destacar na pilha.

Tenho uma dúvida sobre currículo. Acredito que possuo suficiente conhecimento de inglês e espanhol para colocar em meu currículo "inglês básico" e "espanhol básico". Mas como posso saber se isso é verdade? Sendo otimista, talvez até pudesse colocar "avançado", ou mesmo "fluente". Sendo pessimista, resolvi perguntar antes. [Andréia]

Sua pergunta é muito pertinente. Já vi muito candidato escrever esse "fluente" por ter concluído um curso avançado e, na hora da entrevista, pagar um mico. Na prática, existem duas categorias: o básico e o fluente. O básico permite compreender o sentido de um texto ou de uma conversa, mesmo sem entender mais de metade das palavras. Esse é o inglês ensinado em escolas. Por isso, quem conclui um curso avançado continua, para efeito de empresas, tendo o inglês básico. Já a fluência é a que se adquire falando continuamente outra língua. Dois anos no exterior já dão fluência. A questão, mesmo, não é entre o básico e o fluente. É entre o básico e outra palavrinha que costuma aparecer em currículos: "noções". Para quem avalia um currículo, "noções de inglês" significam "preciso aprender inglês". Aqui vai um teste prático. Uma pessoa que tem "noções" não consegue pronunciar estas cinco palavras: tough, though, thought, through e thorough. Como são escritas de maneira bem semelhante, dão a impressão de que a pronúncia é parecida. Na verdade, os sons são muito diferentes – táf, dhôu, thót, thru, dhôrou. Alguém que saiba não apenas pronunciálas, mas o que significam, sem recorrer ao dicionário, tem inglês básico. A mesma coisa acontece com o espanhol, mas com uma diferença: nós, brasileiros, pensamos que sabemos falar espanhol. A semelhança entre as duas línguas é muito grande. Por isso, são frases como "traje una pantalla" que separam quem pensa que sabe de quem sabe.

Selecionar...

■■■ apenas um candidato entre um punhado de pessoas que gostariam de preencher uma vaga é tarefa de entrevistadores perspicazes. Para sobressair nesse mar de gente, você precisa se preparar para encarar rígidos critérios de seleção e, às vezes, fugir de "pedaginhas".

■

Preciso urgentemente de dicas de como me comportar em uma entrevista. [Marcos]

Você se lembra de quando era pequeno e tinha de visitar parentes? E sua mãe o enchia de recomendações? Se você pudesse resumir a ladainha dela, o resumo seria este: "Seja o que você pode ser. E não o que você costuma ser". Em entrevistas, é a mesma coisa. Você será um ator e vai participar de uma peça chamada "O Candidato Ideal". Como bom ator, quanto menos você improvisar, melhor. Mas, então, você não pode ser autêntico? Pode e deve, desde que isso não o prejudique. Porque, diante de você, estará outro ator, com muito mais experiência: o entrevistador. E o objetivo dele não é ganhar algum prêmio de autenticidade. Ele só pretende descobrir se você possui algo abstrato, chamado "o perfil". Ou seja, se você se comporta da maneira como a empresa gostaria que seus funcionários se comportassem. Por isso, cada resposta que você vai dar deve ser curta e objetiva – no máximo, três minutos. E, de preferência, numérica. Entrevistadores não apreciam candidatos que respondem vagamente ("Ah, claro, com certeza") ou que se auto-elogiam sem muito fundamento ("Confio plenamente na minha capacidade"), ao estilo do presidente Lula. O mais importante é que você se prepare antes da entrevista. Entre no site da empresa. Ou peça informações para pessoas que trabalham nela. Decore a missão, a visão e os valores da empresa. Descubra um pouco da história dela – quais os fatores que a fizeram chegar aonde ela chegou? Aí, encontre pontos em comum entre o que você pensa e aquilo em que a empresa acredita. Você ouvirá também perguntas infalíveis em entrevistas, como "qual é o seu maior defeito?". Se você não tiver uma resposta melhor, responda o mesmo que todo mundo: "Sou perfeccionista". Outra: "Você gosta de trabalhar em equipe?". Claro que sim! Você adora! Mas a resposta só terá valor se vier acompanhada de um exemplo prático. Procure em sua adolescência algum caso em que você sacrificou seus interesses pelo sucesso do grupo. Isso convencerá o entrevistador de que você gosta de trabalhar em equipe desde criancinha. A última pergunta de praxe: "O que você espera se vier trabalhar aqui?". A resposta é: "Contribuir". Você não quer ser o presidente da empresa, quer ser um colaborador. Como sua mãe dizia, isso é o que você pode ser de imediato. Aí, depois de admitido, você poderá voltar a ser o que costuma ser.

Fui eliminado de um processo de seleção de uma grande empresa por não ter inglês fluente. Depois descobri que na empresa ninguém usa inglês. Qual é a lógica nisso? [William]

A lógica está em algo chamado "excesso de bons pretendentes". Hoje, quando uma grande empresa abre uma boa vaga, e ela é publicamente divulgada, centenas – às vezes milhares – de candidatos se apresentam. Por isso, na prática, um "processo de seleção" é um "processo de eliminação". É preciso reduzir o batalhão de pretendentes a um grupo de, no máximo, meia dúzia de candidatos. E a maneira mais simples de fazer isso – embora não a mais justa – é ir descartando os candidatos que não estudaram em uma escola de grife, ou que não têm experiência anterior, ou que não falam idiomas. No fim, a empresa acabará recrutando alguém com um currículo mais pesado do que a vaga exige. Mas a empresa corre o risco de o novo contratado pedir a conta rapidamente, tão logo surja uma oportunidade melhor. Isso não ameniza a frustração de quem não foi contratado, como aconteceu com você. A boa notícia é que poucas vagas são preenchidas por meio de processos desse tipo. Cerca de 70% delas são ocupadas por indicação ou por referência de alguém que já trabalha na empresa. No atual mercado de trabalho, ter um bom currículo é vital. Mas conhecer a pessoa certa é muito mais.

Sou obeso. Tenho 1,74 metro e peso 89 quilos. Convivo bem com minha obesidade, mas estou ficando desconfiado de que ela vem "pesando" contra mim em entrevistas de emprego. O contratado é sempre alguém mais magro que eu. Isso realmente ocorre? [Andrade]

Sim, ocorre. Mas não é discriminação baseada apenas na estética corporal. O responsável pela contratação sempre tem suas opiniões pessoais, certas ou erradas. Por exemplo, que pessoas obesas são menos produtivas e cansam mais rapidamente – o que nem sempre é verdade. Ou, em uma avaliação de longo prazo, que pessoas obesas terão mais problemas de saúde, perderão mais dias de trabalho e usarão mais o programa de assistência médica – o que geralmente é verdade. A situação não é boa. Mas, olhando para o futuro, tende a ficar pior. Os Estados Unidos já começaram uma campanha contra a obesidade. Ela está no mesmo ritmo em que a campanha antitabagista estava quando foi lançada: todo mundo concorda, mas pouca gente faz algo prático a respeito. O tabagismo só começou a ser erradicado quando as empresas americanas decidiram proibir o consumo do tabaco em suas dependências. E, principalmente, a dar preferência a não-fumantes nas novas contratações. Aí a coisa deslanchou. Porque não era mais uma questão de saúde, mas de emprego. Em dez anos, os fumantes quase desapareceram, lá e aqui. Se as empresas americanas adotarem procedimento semelhante com relação aos obesos, e tudo indica que adotarão, já não será mais uma questão de conviver ou não com a própria obesidade. Quem é obeso precisará emagrecer para poder competir por um emprego. Como tudo o que se faz por lá é copiado por aqui, é bom começar a pensar seriamente no assunto.Tirando uma minoria que tem problemas clínicos, a grande maioria só precisa aprender a se disciplinar para gastar mais calorias do que ingere.

Tenho 12 anos de experiência como gerente. Nos últimos seis meses, participei de três processos de seleção. E, em todos eles, perdi as vagas para mulheres. Será que o mercado de trabalho virou de cabeça para baixo e estou sendo discriminado por ser homem? [Rogério]

Claro que não. A cara do mercado de trabalho é que está mudando. Durante o século XX, existiu uma clara preferência por contratação de homens. Até me lembro de um gerente que tive há 20 anos e que se recusava a contratar mulheres usando um simples argumento: "Elas engravidam". Ficava pensando: "Ainda bem. Porque, senão, nenhum de nós estaria aqui". O que está acontecendo é que as necessidades das empresas mudaram muito de dez ou 15 anos para cá. Para começar, hoje existe uma ênfase quase paranóica por resultados em curtíssimo prazo. Antes, as empresas costumavam publicar seus balanços anualmente, três meses depois que o exercício fiscal havia terminado. Agora, as empresas têm de se explicar mensalmente, senão os acionistas já começam a demonstrar sintomas de nervosismo. Isso levou a uma situação inteiramente nova. Executivos precisam tomar decisões com 60% dos dados e acertar em 99% dos casos. Quer dizer, a intuição passou a ser tão importante quanto – ou até mais que – a racionalização. A história mostra que a racionalidade é uma característica mais masculina que feminina: homens sempre foram bons para encontrar explicações. Quem um dia inventou a reunião de trabalho foi um homem – mulheres detestam reuniões, querem resolver as coisas rapidamente. Profissionalmente falando, homens são mais gregários e mulheres, mais individuais. Homens funcionam melhor quando têm de realizar uma tarefa de cada vez, enquanto mulheres conseguem fazer três ou quatro coisas ao mesmo tempo. Somando tudo isso, chega-se à conclusão de que a mulher está biologicamente mais adaptada às qualificações que o mercado de trabalho passou a exigir. Isso não quer dizer que o ciclo masculino no mercado de trabalho esteja terminando. Quer dizer apenas que os homens precisam se reciclar para aprender a enfrentar um tipo de concorrência que não existia até muito recentemente. Em resumo, você não está sendo discriminado por ser homem. Mas não vai mais conseguir emprego só porque é homem.

Durante uma entrevista de emprego, meu celular tocou. O entrevistador me pediu para atender, e atendi. Por fim, não fui selecionada para a vaga. Um amigo que trabalha naquela empresa me contou que foi por causa do celular. Isso é justo? Afinal, só atendi porque o entrevistador mandou. [Helena]

Sim, é justo. Uma entrevista é feita de pequenos detalhes. Um escorregão é suficiente para eliminar um candidato. E você escorregou. Podia ter desligado o celular antes da entrevista. Ou podia tê-lo desligado no momento em que tocou. Quando o entrevistador sugeriu que você atendesse, esperava que você respondesse: "Não, obrigada, esta entrevista é mais importante que qualquer ligação". Foi um teste, e você não passou. Mas seu caso pode servir de exemplo para muitos outros candidatos.

No mês passado, participei de um processo de seleção. Na entrevista, fui muito sincero em todas as minhas respostas. E acabei sendo eliminado logo na primeira fase. Por isso, pergunto: sinceridade é bom ou atrapalha? [Carlos Rubens]

Todo mundo já deve ter lido aquelas famosas dicas de como se comportar em uma entrevista de emprego. Quando entrevistava um candidato, fazia só duas perguntas. A primeira: o que você quer saber sobre nossa empresa para que possa decidir se quer, ou não, vir trabalhar conosco? E a segunda: se um dia tiver de demitir você, como gostaria que fizesse isso? Na quase totalidade dos casos, a resposta era de alto impacto: "Tenho certeza de que não serei demitido". Isso me revelava uma de duas coisas: ou o candidato achava que a resposta iria impressionar, ou então estava muito mal informado sobre o mercado de trabalho. Hoje, empregados eficientes também são demitidos. Em uma fusão de empresas, ou em uma campanha de redução de custos, bons empregados podem perder o emprego. Mas sempre aparece alguém com uma boa resposta. Certo dia, uma candidata me respondeu: "Você pode me demitir da maneira que quiser, porque vou chorar de qualquer jeito". Esse era o tipo de pessoa que eu admitia. A que tinha coragem de dar uma resposta sincera. A que demonstrava ter emoção e não a que demonstrava capacidade para decorar frases feitas. Em uma entrevista, nada é melhor que a sinceridade. Mas também é verdade que muita gente deixa de ser contratada por falar sinceramente. Por isso, não se preocupe. Se você foi sincero, e não foi admitido, isso não significa que você não serve para aquela empresa. Significa que aquela empresa não serve para você.

Tenho vários cursos com nomes que impressionam, mas jamais consigo passar da primeira fase dos processos de seleção. [André]

Seus cursos com certeza estão impressionando, mas você não está. Pense, só como exemplo, que você vai comprar xampu. Se você for ler a lista de ingredientes, descobrirá que determinada marca tem diestearato de glicol na fórmula e outra tem ácido carboxílico. Qual você compraria? Os dois nomes impressionam, mas não dizem nada para 99,9% dos consumidores. Já se um dos xampus promete evitar queda de cabelo enquanto o outro jura que dá brilho e volume, aí dá para decidir. Nas entrevistas de seleção, você provavelmente está colocando muita ênfase nos cursos que fez, imaginando que impressionarão o entrevistador. Isso não acontece. Seus cursos são como a lista de ingredientes do xampu – importantes, sem dúvida, mas não precisam ser mencionados. O entrevistador está interessado em saber como você pode contribuir, na prática, para dar mais brilho e volume aos resultados da empresa.

Sou evangélico e professo minha crença em todos os momentos. Mas parece-me que os entrevistadores ficam incomodados quando menciono minha religião. Será que a fé atrapalha? [Ezequiel]

Jamais atrapalhará. Mas, em uma entrevista de emprego, o entrevistador pretende saber como você vai contribuir com a causa da empresa. Que é terrena e não espiritual. Não interprete isso como preconceito. Entrevistas são conversas com respostas diretas para perguntas específicas. Se a pergunta não envolver nenhum aspecto ligado à religião e você responder mencionando sua fé, você simplesmente não estará respondendo ao que foi perguntado. Esse é o motivo pelo qual você não vem sendo aprovado e não uma possível discriminação.

Entrei em um processo de seleção para boy em uma grande empresa. Não fiz faculdade e levei um susto quando descobri que a maioria dos outros candidatos tinha curso superior. Estou ficando louco, ou agora é preciso estudar Engenharia para ser boy? [Fabiano]

Claro que não. Mas você deu um exemplo perfeito do que é o mercado de trabalho atualmente. Seus concorrentes perceberam que, sendo superqualificados para a função de boy, seria mais fácil conseguir o emprego. Em vez de disputar uma vaga de assistente, ou de trainee, com centenas de candidatos bem preparados, optaram por começar em um degrau mais baixo, no qual haveria menos competição. Não é humilhação, é estratégia de carreira. Hoje, há muitos presidentes de empresa que se orgulham de dizer que começaram na empresa como boy.

Meu sonho é fazer carreira em uma multinacional. Tenho enviado muitos currículos, mas não sou chamado para entrevistas porque atualmente trabalho em uma empresa pequena, com 85 empregados. [Aurélio]

Isso não é causa e efeito. Nas megaempresas, cada vaga anunciada atrai milhares de candidatos. A disputa é dura e a peneira é fina. No fim, acabam sendo selecionados aqueles poucos que têm formação acadêmica diferenciada, falam dois ou três idiomas e já foram recebidos em audiência por Sua Santidade em pessoa. Muita gente diria que isso não é justo, mas quem define o critério é quem contrata. Cerca de 80% das vagas na iniciativa privada são geradas por pequenas e médias empresas. Nelas, há possibilidade de crescimento. Quem é bom se destaca mais rapidamente. E, em geral, o ambiente de trabalho é saudável, quase familiar. Não sou contra seu sonho, mas sugiro que você tente ver o lado positivo de sua empresa atual. Pode ser que você seja feliz e não esteja percebendo isso.

Em uma entrevista, o que devo responder quando me perguntarem sobre pretensão salarial? [Marília]

Muitos jornais publicam, semanalmente, pesquisas de cargos e salários. Nelas, as empresas são separadas pelo porte – grandes, médias ou pequenas. Ache o valor do cargo para o qual você está concorrendo. Na hora da entrevista, mencione a pesquisa e diga que você estaria satisfeita com aquele salário, que é a média do mercado.

Tenho 32 anos. Não tive oportunidade de fazer faculdade. [Júlio César]

Entendo e sinto muito. Mas as empresas não entendem e não serão solidárias. Devido ao grande número de candidatos por vaga, o que ocorre em qualquer processo seletivo é a eliminação sumária de quem não tem curso superior, de quem não fala inglês, de quem não entende de informática e por aí vai. Mas seu caso é menos raro do que parece. Na cidade de São Paulo, 20% das vagas nos cursos de Administração são preenchidas por homens com mais de 30 anos. Sugiro que você faça o sacrifício que tenha de ser feito, mas vá estudar. Você tem mais 30 anos de carreira pela frente e mais 30 anos de vida útil depois disso. É mais sensato que você esqueça o terço já vivido e se concentre nos dois terços que ainda vai viver.

Não consigo emprego porque me casei recentemente, e os entrevistadores desconfiam que eu possa engravidar. [Silvia]

Entrevistadores não desconfiam. Concluem, por suas respostas. Se você disser: "A carreira é minha prioridade e só pretendo engravidar depois dos 35 anos", o assunto morre. Embora a possível gravidez seja um péssimo motivo para não contratar, há empresas que adotam essa prática. Acho que engravidar em breve deve estar em seus planos e, indiretamente, em suas respostas.

Participar...

▪▪▪ de dinâmicas de grupo tem sido, quase sempre, uma experiência amarga para candidatos a uma vaga, porque os entrevistadores vêm exagerando nas invencionices. Nos treinamentos internos, todo cuidado é pouco, ainda mais quando se juntam pessoas muito heterogêneas.

▪

Participei de uma dinâmica de grupo. O mediador perguntou com qual dos sete anões da Branca de Neve cada um de nós mais se identificava. Estou ficando louco, ou existe uma resposta certa para isso? [Maciel]

Realmente, as dinâmicas estão ficando cada vez mais criativas. Ou mais absurdas. Mas, como regra geral, e válida para qualquer dinâmica, qualquer resposta é certa. Desde que o participante consiga mostrar como a resposta vai beneficiar a empresa. Quando eu tinha 20 anos, fiz aquele famoso teste do borrão. O mediador mostrou uma folha com um borrão de tinta, sem formato definido. E cada participante teve de responder o que estava vendo. Respondi que via um borrão de tinta em uma folha de papel. E fui classificado como sendo "pragmático e sem imaginação". Ou seja, apenas meio neurônio acima dos aborígines. Hoje, sei que uma resposta adequada seria: "Vejo um concorrente sendo esmagado por nossa empresa". Essa é a primeira regrinha do aprendizado corporativo. O que a gente está enxergando não tem importância. Importante é o que a empresa quer que a gente enxergue.

Para que servem as dinâmicas de grupo nos processos de entrevista? Já passei por várias delas, e todas me pareceram ridículas, para não dizer coisa pior. [Silvana]

Vou lhe contar mais uma para você acrescentar a sua lista. Em uma dinâmica, a orientadora – o título varia conforme a empresa – pediu que cada participante escolhesse uma fruta. E ele deveria se comportar como se fosse a referida fruta. Vamos convir que incorporar o papel de uma banana, ou de um abacaxi, é coisa para gênio teatral com 30 anos de palco, e não para jovens com 20 anos de idade. As dinâmicas muito diferentes surgiram porque os candidatos se tornaram muito iguais. E, quando todos se parecem, em termos de escolaridade, é preciso inventar algo que possa diferenciá-los. Esse é o propósito das dinâmicas. Evidentemente, nem toda invenção dá certo. Mas há dinâmicas salutares. Por exemplo, uma na qual os participantes são convidados a fazer um discurso defendendo alguma causa. Ela é salutar porque saber falar em público e conseguir convencer os outros são duas habilidades vitais para uma carreira. Mas esse tipo de dinâmica parece meio antigo e muito simples. Por isso, algumas empresas preferem complicar, em nome da modernidade. E dá no que dá: dinâmicas com Q.I. de goiaba.

Nos treinamentos internos, reunimos vários tipos de profissionais, cada um com idéias próprias e diferentes. Como fazer para que o treinamento seja bem aproveitado? [Maxwell]

Na década de 1990, as grandes empresas americanas adotaram um conceito chamado "respeito à diversidade". Basicamente, era a óbvia admissão de que as pessoas são diferentes. Em escolaridade, cor, sexo, religião e visão pessoal do mundo. Durante décadas, as empresas enxergaram seus funcionários como uma massa uniforme, desprovida de vontade própria. Com o advento do respeito à diversidade, as empresas passaram a admitir que seus colaboradores tinham o direito de pensar e de se expressar. Nesse tipo de empresa, os treinamentos são feitos a partir de discussões, e não de aulas. Os grupos se reúnem, discordam, discutem, chegam a um acordo, e a opinião de cada grupo é transmitida aos demais grupos. Por fim, o moderador do treinamento enfatiza os pontos importantes. Na maioria das empresas brasileiras, os treinamentos ainda seguem o modelo do ensino fundamental: o professor sabe e o aluno tem de aprender. Nas empresas mais modernas, os treinamentos seguem o modelo da reunião de condomínio, só que bem organizada. No fim, o síndico é que vai decidir, mas todo mundo é livre para opinar e criticar.

Participei de uma dinâmica de grupo. As perguntas foram, na maioria, sobre a própria empresa. Como fui avisada na véspera, não tive oportunidade de me inteirar sobre fatos e números. As empresas não deveriam permitir que os candidatos se preparassem melhor? [Cecília]

Imagino que você tenha dormido na noite anterior à dinâmica. Enquanto você dormia, outros candidatos estavam acessando o site da empresa, decorando informações e anotando dados. Provavelmente, foram os que se saíram melhor, apesar das eventuais olheiras da noite maldormida. A dinâmica apenas refletiu o que é a rotina de uma empresa: nunca há tempo suficiente para uma preparação perfeita. As coisas acontecem de repente. Quem reage mais rápido leva vantagem. Em seu caso, vale a lição para uma próxima entrevista. Não durma.

Investir...

▪▪▪ nos estudos, fazer MBA ou ter diplomas de línguas estrangeiras nem sempre é passaporte para salário alto ou cargo de destaque. Mas há uma razão para essa gangorra entre conhecimento e retorno financeiro ser tão desnivelada.

Minha esposa é superqualificada. Tem formação acadêmica exemplar, com mestrado e MBA. Mas ocupa um cargo que requer apenas o ensino médio. A empresa em que ela trabalha não parece preocupada com a situação de minha esposa e de muitas outras pessoas que não conseguem entender por que estudaram tanto para ganhar tão pouco. [Lopes]

Vamos começar olhando pelo lado avesso. Neste momento, sua esposa está ocupando a vaga de alguma pessoa que, por ter apenas o ensino médio, está desempregada. Então, a questão é: por que sua esposa aceitou a função? E a resposta deve ser esta: porque ela não conseguiu uma posição à altura da formação dela. O que acontece é que as empresas, há algum tempo, perceberam que profissionais com qualificação para ser piloto de Fórmula 1 estão dispostos a trabalhar como mecânicos da equipe. Por quê? Porque eles pensam o seguinte: o importante é botar o pé no primeiro degrau da escada do organograma. Daí em diante, fica fácil ir subindo. Só que isso não está acontecendo, porque há excesso de gente qualificada nas empresas. E a escada é uma só. Todos os anos, 500 mil jovens completam um curso superior. Além disso, os diversos cursos de MBA estão diplomando, anualmente, cerca de 60 mil pessoas. O lado perverso da história é que esses números tendem a aumentar, enquanto o número de boas vagas permanece estável – ou diminui. Então, a superqualificação, que era exceção, está se tornando regra. E o que era uma tremenda qualificação até 15 anos atrás – um curso superior – se tornou apenas "o curso básico".

Evidentemente, estamos falando de empresas de muita visibilidade. A boa notícia é que 80% das vagas ainda são geradas por pequenas e médias empresas. Em resumo, o superqualificado está ocupando o lugar do qualificado nas grandes empresas. E o qualificado está achando espaço nas pequenas e médias. Por enquanto.

Por que empresas contratam candidatos de nível superior para funções de nível médio? Essa é uma distorção temporária ou permanente? [Fonseca]

Permanente. Pelo menos nas grandes empresas. Quando uma delas abre uma vaga que requer o nível médio e aparecem dezenas de candidatos com nível superior, dispostos a receber um salário equivalente ao nível médio, a empresa faz o óbvio: contrata os superqualificados. Imagine que você vá a um supermercado para comprar bananas. E descubra que uma geléia de banana importada da Inglaterra custa o mesmo preço que meia dúzia de bananas. É evidente que a geléia vale muito mais. A geléia importada é, assim, uma banana com MBA. Aí, um consumidor normal pensaria: "Sempre vou poder comprar bananas, mas não sei se vou voltar a encontrar geléia importada a esse preço". E compra a geléia. As empresas estão fazendo a mesma coisa: contratando funcionários com superqualificação a preço de banana. São as empresas públicas brasileiras que estão fazendo o que devem: em um concurso, se o nível exigido para o cargo é o médio, o pré-requisito para inscrição é o nível médio. E não o superior. Por isso, para quem tem nível médio, prestar um concurso público é muito mais interessante que encarar a fila de candidatos em uma empresa privada.

Ser...

■■■ explicadinho, político, crítico, fechado como ostra, criativo demais, rebelde ou resistente a tudo: qual dessas características se encaixa no perfil do melhor funcionário, aquele que reza para não dar um fora e quer se destacar no meio do grupo?

■

Tenho idéias próprias e opiniões firmes. Mas meu chefe me rotulou como "do contra". Qual é a diferença entre ser autêntico e ser do contra? [Raphael]

Ser do contra é assumir, sistematicamente, posições de confronto. Mesmo quando – e principalmente quando – são desnecessárias. Todos nós, quando adolescentes, fomos do contra. Mas um adulto do contra é o que transformou aquela rebeldia adolescente em sua marca registrada. Daí, tudo parece sempre estar errado. A empresa não tem rumo. Os chefes são lentos. Os colegas são chatos. Em compromissos e reuniões, quem é do contra sempre chega atrasado. E interrompe qualquer um que esteja falando para manifestar sua contrariedade. Na maioria das vezes, os funcionários do contra são pessoas competentes, que executam bem seu trabalho. Têm boas idéias e dão boas sugestões. Mas, como não conseguem concordar com as idéias alheias, acabam criando oposição. E aí ficam empacados na carreira, achando que são vítimas de conspiração. Já o autêntico é positivo. Sabe ouvir. Sabe quando ficar calado. E só se manifesta quando tem argumentos sólidos que possam suportar sua discordância. Mas a diferença básica é que o autêntico alterna críticas e elogios. E o "do contra" apenas critica.

O que é ser político em uma empresa? [Márcia]

É fazer o que os políticos de verdade fazem, com aquela competência pegajosa: aprender a engolir sapos e ainda pedir para repetir o prato; saber costurar alianças profissionais, mesmo que a outra pessoa seja detestável; aceitar as críticas com ar de humildade; não se prevalecer de um cargo, ou de uma situação, para humilhar ou menosprezar colegas; elogiar quem merece um elogio; dar sempre a impressão de que está disposto a colaborar; ser bom ouvinte. Em síntese, ser político em uma empresa é ter todas as obrigações que um político profissional tem. Sem nenhuma das vantagens que eles têm.

Sou supervisora de uma equipe de 12 funcionários. Minha diretora me disse que preciso mudar meu perfil. Eu me considero uma pessoa que procura soluções por meio do diálogo e do entendimento. Mas minha diretora quer que eu seja mais agressiva. Que fale menos e mande mais. Só que esse não é meu estilo. O que faço? Tento ser o que não sou? [Leila]

"O perfil" não é um. São dois. Há o perfil que uma pessoa tem – em seu caso, a moderação. E há o perfil que a empresa define como ideal – no caso de sua empresa, a agressividade. Como é fácil perceber, a prioridade está no perfil definido pela empresa. É bastante provável que você, se tentar, consiga ser mais direta e menos condescendente. Menos apaziguadora e mais ameaçadora. Se você vai se sentir bem agindo assim, é outra questão. Mas, em resumo, ou você procura uma empresa que veja seu perfil como adequado, ou tenta se adequar ao perfil que sua empresa deseja.

Já fui criticada várias vezes por falar demais, ou por querer explicar coisas que não precisam ser explicadas. Faço isso para deixar o assunto bem claro, ou para colocar um pouco de humanismo no ambiente de trabalho. É realmente um defeito? [Cláudia]

Sim, é um defeito. Porque, tecnicamente, reduz a produtividade geral. Há casos de profissionais que sempre fazem questão de emitir sua opinião, mesmo quando não é necessária. Ou que adoram contar histórias engraçadas em situações que exigem seriedade. Em empresas, saber falar é uma arte. Mas a sabedoria está em saber quando falar. Sugiro que você faça a "dieta do silêncio". Que funciona como qualquer dieta: boca fechada. Durante um dia inteiro, ouça tudo calada. Ou dê respostas curtas e rápidas às perguntas que lhe fizerem. Ao final do dia, avalie se o silêncio causou algum problema à rotina do trabalho. Você descobrirá que não. Guarde suas boas explicações, e suas boas histórias, para os momentos de descontração. Em empresas, quem fala pouco sempre é mais escutado.

Tenho muitas idéias, mas ninguém ouve minhas sugestões. O mundo corporativo é assim mesmo ou minha empresa é cega e surda? [Leonardo]

Opção "a" – é assim mesmo. Em empresas, a regra de sobrevivência número um é esta: "O funcionário deve estar na mesma sintonia da empresa". Se a empresa privilegia a operação e persegue resultados de curtíssimo prazo, o funcionário que tem papo estratégico, por melhor que seja o papo, é peixe fora d'água. Grandes empresas sempre têm toneladas de manuais de procedimentos, mas aquilo que se chama de "o perfil" raramente está escrito. "Ter o perfil" significa "se parecer com a empresa." E, principalmente, significa manter o foco nos objetivos que a empresa determina. E não na visão pessoal de como a empresa deveria funcionar. Alguém como você, cheio de idéias, provavelmente se daria melhor em negócio próprio. Mas, caso decida continuar na empresa, observe a regra número um. Se tiver paciência para superar essa fase de cegueira e surdez, acumulará credibilidade. É a credibilidade que lhe dará, um dia, o poder para implantar suas boas sugestões.

Sou gerente de uma área com 60 colaboradores. No meio deles, há um par de resistentes a tudo. Do ponto de vista disciplinar, o que é melhor: tentar enquadrá-los ou substituí-los? [Luiz Fonseca]

O melhor é permitir que resistam. Melhor ainda é criar condições para que essa resistência se transforme em contribuição positiva. Gente que confronta o sistema ajuda a evitar que a empresa caia na mesmice. A história da humanidade mostra que são os resistentes inquietos, e não os obedientes passivos, que transformam o mundo. Nas empresas, os resistentes não são revolucionários sem causa. São a voz daqueles que acham mais prudente permanecer calados.

Meus colegas reclamam que sou fechada como ostra. Não consigo explicar que isso não é antipatia, é apenas meu jeito de ser. Sou extremamente tímida. O que faço? [Clarice]

Caros colegas da Clarice! Quem olha apenas a ostra não consegue enxergar a pérola que existe dentro dela. A pérola é um mecanismo de defesa que a ostra desenvolveu. A parte interior da ostra, chamada de colo, é muito delicada e sensível. Para se proteger do mundo exterior, a ostra se fecha. Mas, apesar dos cuidados, de vez em quando um grão de areia consegue penetrar no interior da ostra. E ela reage, secretando um fluido para neutralizar o indesejado invasor. Depois, lentamente, ano após ano, camada após camada, o fluido se transformará em valiosa pérola. Nas empresas também existem pessoas, como a Clarice, que vivem fechadas em si mesmas. Mas que podem contribuir muito, mesmo sem dizer palavra. De cada dez pessoas, pelo menos duas padecem de timidez. Precisam ser compreendidas e não criticadas. Afinal, se não existissem as ostras, não existiriam as pérolas.

Em minha avaliação anual, fui classificado como "crítico, rebelde e insatisfeito". E ficou por isso mesmo. Para que servem essas avaliações? [Cristiano]

Pode não lhe parecer, mas isso foi um elogio. Uma empresa com 100% de funcionários tranqüilos e satisfeitos tende à acomodação. Uma com 100% de funcionários rebeldes e críticos tende ao caos. O equilíbrio normalmente é conseguido com uma maioria de satisfeitos e com uma pequena parcela de gente como você – meio exagerada, meio folclórica, meio chata, mas consistentemente crítica. Você é, sem delegação formal para isso, o porta-voz daqueles que preferem ficar calados. Se sua rebeldia fosse nociva, você já teria sido dispensado. Como você continua aí, sua colaboração está sendo útil. Espero que discorde de minha opinião, porque isso provaria meu ponto de vista.

Tento ser uma funcionária exemplar. Faço meu trabalho bem-feito, dou o máximo de mim e cobro a mesma seriedade de meus colegas. Por isso, me tornei um incômodo para os preguiçosos e acomodados. Estou errada? [Daniela]

Você está certa. Mas há um poema do baiano Gregório de Mattos, escrito há mais de 300 anos, no qual ele também reclamava do triunfo da incompetência sobre a virtude. A conclusão do poeta era esta: "Um direito entre tortos, parece que anda torcido". Quem é diferente, em um mundo de iguais, sempre acaba pagando o preço. Talvez você possa fazer pequenas concessões que não vão mudar seu caráter ou sua ética profissional. Rir um pouco mais, conversar um pouco mais. Se você for uma mistura de muita competência e alguma camaradagem, seus colegas passarão a apreciá-la. Se for muito séria, continuará sendo a direita em um mundo de tortos. Seja lá o que decidir, o importante é sentir-se bem com você mesma.

Sempre falo o que penso e isso me tem causado atritos com colegas que não apreciam a sinceridade. [Adriane]

É fácil, não deixe de dizer o que pensa. Mas pense um pouco mais antes de dizer. De modo geral, colegas apreciam a sinceridade, mas não a sinceridade desnecessária. Tente guardar suas opiniões firmes para assuntos estritamente profissionais e tratar seus colegas com mais benevolência. Essa simples atitude diminui o atrito e aumenta o respeito.

Sempre acreditei na sinceridade das pessoas. E já quebrei a cara, várias vezes, por causa disso. Estou sendo ingênua? [Bianca]

Não. Você apenas não está sendo boa observadora. A melhor maneira de saber como uma pessoa realmente é (e não o que ela aparenta ser), é observar suas reações em uma situação em que não imagina que esteja sendo observada. Um bom lugar para fazer isso é o elevador. Nele se descobre, por exemplo, que um colega que vive sorrindo durante o expediente entra no elevador com a cara fechada, sem cumprimentar ninguém. Ou que um colega entra no elevador, fica parado perto da porta e não se move nem 1 centímetro para facilitar a passagem dos que vão entrar ou descer em outros andares. Quando precisarmos dela, essa pessoa não vai nos ajudar. Tem também quem entra no elevador e aperta de novo o botão do andar, mesmo quando a luz acesa está indicando que alguém já fez isso. Pessoas assim não confiam nos outros e não são boas para trabalhar em equipe. De cada dez pessoas, no máximo meia dúzia se comporta dentro do elevador como se comporta fora dele. Ou seja: se você acreditar no que seus colegas aparentam ser, a possibilidade de você quebrar a cara anda por volta de 40%.

Desanimar...

■■■ e recuperar o ânimo é natural quando, no início da carreira, você acaba fazendo tarefas aparentemente sem importância porque o chefe ou duvida de sua capacidade ou quer demonstrar que quem manda é ele. Importante é não repetir esse erro quando você estiver em posição de liderança.

■

Tenho 21 anos, já terminei a faculdade e falo três idiomas. Mas meu chefe insiste em só me dar tarefas insignificantes, como conferir relatórios, tirar cópias e atender telefone. Estou revoltada. [Fabiana]

Calma. Chefes como o seu agem assim por dois motivos. O primeiro é a insegurança. E a maneira de disfarçá-la é usar o cargo para demonstrar autoridade. O segundo motivo é a desconfiança de que jovens são incapazes de pensar. Então, aqui vai uma sugestão para você e para todos aqueles que sentem que estão sendo subutilizados pelos chefes. Tirem cópias. Sirvam cafezinhos. Isso dói, mas passa logo. Revoltar-se não resolve o problema. Ao contrário, só gera conflitos. O mais importante, porém, é que o jovem esclarecido, daqui a alguns anos, lembre-se do que está passando agora. E trate seus futuros subordinados não como está sendo tratado, mas da maneira como gostaria de estar sendo tratado. Porque, infelizmente, para muita gente, o mundo corporativo é como trote de faculdade. Todo mundo reclama quando leva. Mas, no ano seguinte, diverte-se humilhando os calouros.

As tarefas que executo são rotineiras e repetitivas. E tenho 20 colegas que fazem o mesmo serviço que eu. Como posso me destacar? [Alessandra]

No trabalho, assim como na vida, todos nós passamos 95% de nosso tempo fazendo coisas que vão cair no esquecimento. Podem até ser coisas importantes, como escovar os dentes, mas que não vão nos diferenciar. Os restantes 5% são aqueles momentos em que nos dedicamos a assuntos dos quais nos lembraremos daqui a um ano. Ou pelos quais seremos lembrados. No trabalho, o que normalmente ocorre é que estamos tão concentrados nos 95% de rotina que deixamos de perceber os 5% de oportunidades. E é exatamente o bom aproveitamento desses 5% que dão visibilidade ao funcionário. Deixe-me dar-lhe um exemplo. Conheço um operador de telemarketing – trabalho cuja essência é a repetição contínua – que propôs redução no tamanho do texto que tinha de ler 200 vezes por dia. Cortando algumas palavras desnecessárias, seria possível aumentar o número de ligações diárias. A sugestão foi aprovada. É verdade que o chefe do operador ficou com todo o mérito. Mas o operador conseguiu algo importante: uma história para contar. E, com base nesse relato de criatividade, conseguiu emprego em um banco. Na entrevista, os 95% de tempo que passava ao telefone tiveram pouco valor. Mas os 5% em que parou para pensar valeram novo emprego.

Tenho 21 anos e comecei a trabalhar há oito meses. Fui contratada porque tenho um currículo excelente e diferenciado – foi o entrevistador quem falou. Só que estou sendo muito mal aproveitada. Meu chefe só me dá tarefas burocráticas. Será que entrei na empresa errada? [Luciene]

Não. Você está na empresa certa. Sua avaliação da situação é que está errada. A primeira fase da carreira é aquela em que o iniciante precisa ganhar o respeito de seus superiores hierárquicos. E essa fase requer boa dose de paciência. A palavra respeito significava, em latim, "olhar para trás" – a palavra "retrospecto" é irmã gêmea de "respeito". Para ter bom futuro na empresa, você antes precisa ter bom passado. Que começa com a adaptação à cultura interna, à hierarquia e à famigerada burocracia. Nessa fase, você é encarregada de fazer o que qualquer um poderia fazer, mas terá de demonstrar que pode fazer melhor do que qualquer um faria. Em empresas, respeito não é algo que se ganha de graça ao entrar nem é algo que se exige. É algo que se vai construindo.

Tenho 22 anos. E, a cada dia, mais me convenço de que fiz grande besteira ao aceitar esse emprego. Passei por várias provas, minha formação escolar foi muito elogiada e agora meu chefe só me dá tarefas que até uma abóbora poderia executar. O papo de "grandes oportunidades de crescimento", pelo jeito, é só um artifício que a empresa utiliza para atrair bons candidatos. [Ernani]

Ou isso, ou você está sendo testado. Pense por um instante. Por que uma empresa gastaria dinheiro em provas e entrevistas e por fim contrataria um empregado com grande potencial? Para depois humilhá-lo com serviços inúteis? Para agir assim, uma empresa teria de ser ou muito sádica, ou muito burra. E não é. O que importa neste momento – para as pessoas que estão observando seu trabalho – é como você consegue demonstrar seu valor executando tarefas sem valor. Se você encarar esse período inicial como uma conspiração da empresa contra você, não só ficará frustrado, como será reprovado. Esse teste – de paciência, persistência e fidelidade – é apenas seu primeiro passo profissional. Não tropece logo de saída.

Conhecer...

■■■ palavras em inglês, e jargões usados em sua profissão, faz parte do jogo corporativo. Há empresas que adotam vários termos nessa língua estrangeira não porque não haja similares em português, mas porque pretendem causar boa impressão. Algumas, exageram na dose.

Alguém já me explicou, mas você me explica novamente o que é networking? [Soraya]

Uma rede. A Rede Globo de Televisão, por exemplo, tem esse nome porque uma centena de emissoras filiadas capta e retransmite o mesmo sinal. Se a Rede Globo fosse americana, não chamaria rede, chamaria Globo Networking. Foi dessa imagem de "conexão permanente e interesses comuns" que o povo de Recursos Humanos sacou networking entre pessoas – e é isso que você está querendo saber como funciona. Essa rede de contatos profissionais é fundamental. Por meio dela, você pode conseguir emprego, ou ser indicada a uma entrevista. Mas há algumas regrinhas essenciais que precisam ser observadas. A primeira: nunca peça nada no primeiro contato. Tem gente que é apresentada ao gerente de uma empresa e já vai botando um currículo na mão dele. Isso é o antinetworking. A segunda regra: networking não é ação entre amigos. É ligação entre profissionais que podem se auxiliar mutuamente. Se você é médica e eu sou advogado, um dia você precisará de advogado, e eu de médica. Logo, vale a pena ficarmos em contato. Mas e quem está entrando agora no mercado de trabalho e tem muito a pedir e nada a oferecer? Bom, o networking deve começar já no ensino fundamental. Onde estão os antigos colegas de escola? Vamos reunir a turma? Muitos desses colegas, algum dia, ocuparão cargos importantes. Como não sabemos quem vai ser o quê, é preciso manter o relacionamento com todos eles. Essa é a essência do networking: conhecer o maior número possível de pessoas, e nunca perder o contato. É preciso também freqüentar cursos rápidos, que duram um ou dois dias. Nesses cursos, o intervalo para o café já está sendo chamado de networking-break. É a constatação óbvia e prática de que conhecer os participantes será mais importante para a carreira que o próprio conteúdo do curso.

Parece que estou escrevendo uma carta em inglês. Trabalho com outplacement. Você poderia dar uma definição tupiniquim para coaching, counselling e mentoring? [Jonas]

Yes! Em português, diríamos treinamento, aconselhamento e "mentoreamento" – sim, isso existe. Mas os termos em inglês é que estão na moda. Ou porque a tradução não consegue transmitir plenamente o conceito original, ou porque falar inglês impressiona mais. Sou mais pela segunda hipótese. De qualquer forma, as três palavras se referem ao desenvolvimento profissional de um aprendiz – ou subordinado, ou discípulo, ou gafanhoto, dependendo da situação. E por que essas três coisas são importantes? Por dois motivos. O primeiro é que as empresas estão preocupadas em preparar seus futuros gestores. E o segundo é que há cada vez mais gente, independentemente da idade, sentindo-se meio sem rumo no mercado de trabalho. Então, um profissional experiente é escalado – ou contratado – para orientar, tirar dúvidas e compartilhar todo o conhecimento que acumulou. A diferença mais elementar entre as três atividades está no fator "dedicação". Mentor fica à disposição de seu aprendiz em tempo integral. Coach trabalha bem menos. Faz um par de reuniões por semana. E conselheiro não tem hora marcada. Entra em ação quando surge a necessidade de aconselhamento. Mas vamos a um pouco de história: mentor é nome próprio. É personagem da *Odisséia*, escrita há 2.600 anos pelo grego Homero. O herói Ulisses, ao embarcar em sua longa viagem, deixou a guarda de seus bens, e a segurança de sua esposa, Penélope, aos cuidados do fiel amigo Mentor. Portanto, Mentor não foi bem mentor. Foi administrador. Mentor de verdade foi o grego Aristóteles, contratado para educar Alexandre, o Grande, quando ainda era pequeno. O trabalho de Aristóteles é visível não nas batalhas que Alexandre venceu, mas nas coisas que construiu: a maior biblioteca da Antiguidade e o Farol de Alexandria, uma das sete maravilhas do mundo. A origem de coach é mais divertida. Na antiga região da Boêmia, havia uma cidade chamada Koch. Lá, no século XVIII, foi inventada uma carruagem fechada, que era puxada por dois cavalos e transportava quatro pessoas. Daí veio o termo coche – em filmes de bangue-bangue, a diligência. O condutor, evidentemente, era o cocheiro. Ou, em inglês, coach. Seu trabalho tinha a ver com cavalos: treiná-los, cuidar deles e dirigi-los com firmeza e precisão. No século XIX, meio na brincadeira, os alunos dos colégios britânicos passaram a chamar seus técnicos de atletismo de coach, talvez pela maneira cavalar como eram tratados. O nome pegou. O coaching, hoje, é a humanização do trabalho do antigo cocheiro. Então, mentor decide pelo aprendiz. Coach cria condições para que o aprendiz tome a melhor decisão. Já counsellor só recomenda. Pode ser visto em ação no filme *O Poderoso Chefão*. O consigliere da família Corleone explica, sugere e expõe prós e contras. Mas jamais tem a palavra final.

A empresa em que trabalho há 12 anos foi comprada por outra, uma multinacional. E um bando de gente diferente caiu aqui de repente, com ternos vistosos e usando um palavreado que não entendemos, como "equity" e "ebitda". Seremos todos trucidados? [Arianne]

Não necessariamente. Vão sobreviver os que se adaptarem melhor, e mais rapidamente. A melhor maneira de encarar a situação é pensar que você conseguiu novo emprego em nova empresa. E terá de provar, a partir do primeiro dia, tudo o que já havia provado na empresa anterior. Fazer comparações entre o estilo antigo e o atual, e ficar propagando que antigamente era muito melhor, é praticamente assinar a carta de demissão. As pessoas que chegaram vão mudar muita coisa que você e seus colegas acham que não precisam ser mudadas. Para sua segurança, embarque nas mudanças. Mostre-se disposta a colaborar. Quanto às palavras novas, você as aprenderá rapidamente. Daqui a três meses, já estará tomando seu café-da-manhã com pão, manteiga e ebitda – sigla, para quem ainda não sabe, de earnings before interest, taxes, depreciation and amortization, que pode ser traduzido por lucros antes de juros, impostos, depreciação e amortização.

O que é CEO? Toda empresa agora precisa ter um? Como se pronuncia isso? [Werner]

CEO é o presidente da empresa. Em inglês, é uma sigla formada pelas iniciais de chief executive officer. Em tradução aproximada, seria "o principal funcionário que toma decisões". A pronúncia, aqui no Brasil, ficou em inglês mesmo e cada letra é pronunciada separadamente: cí – i – ôu. Outra particularidade: em uma comunicação formal, as letras devem ser separadas com pontinhos – C.E.O. Você perguntaria por que, se já temos a palavra presidente, precisamos importar o termo CEO. A resposta é: porque impressiona. Passa a imagem de uma empresa mais globalizada, mais antenada. Pelo mesmo motivo, há 20 anos o diretor administrativo-financeiro começou a ser chamado de controller – e em algumas empresas, acredite, de comptroller. Além do CEO, outras siglas que nasceram no mesmo ninho também são usadas: CFO, chief executive officer, vulgo diretor-financeiro; CSO, chief supply officer, o popular gerente de compras; e assim por diante. Um dia, o encarregado de serviços gerais vai virar CMBO, chief motoboy officer. Por falar nisso, a área de serviços gerais também já mudou de nome. Ela se uniu a Organização & Métodos, e agora chama Facilities. O Brasil foi o país do mundo que mais incorporou, a começar pela nomenclatura, o estilo americano de administração. Digo, de management.

Como professora de Português, protesto contra o ridículo uso de palavras inglesas nas empresas, quando temos termos próprios com o mesmo significado. [Leila Cruz]

Isso vem de longe, professora. No começo do século XX, a moda era abusar do francês. Hoje, como o inglês se tornou o idioma do mundo dos negócios, os profissionais acreditam que encaixar palavras importadas em suas conversas passa uma impressão de atualização. Note, por exemplo, a diferença entre estas duas perguntas: "O que você acha?"; "Posso ouvir seu feedback?". No segundo caso, a pessoa pensa com mais cuidado antes de responder. Da mesma forma, "trabalho em período integral" soa diferente de dizer "trabalho full time". Parece que quem trabalha full time tem um trabalho mais importante. Imagine agora um chefe dizendo para um subordinado: "Preciso começar meu relatório, mas me faltam informações. Dá para você cobrar?". O subordinado vai responder: "Tá". Mas, se o chefe disser: "Preciso dar o startup no meu report, mas me falta o checklist. Você faz o follow up?", o subordinado vai responder "Yessir!", e sair voando para atender ao pedido. Concordo com a professora que tudo isso é mais frescura que necessidade. Mas, como os advogados continuam gastando o bom e velho latim, e vemos nisso um sinal de erudição, os executivos também se sentem no direito de abusar um pouquinho do inglês, que está se tornando espécie de latim corporativo. Mas isso passa, professora. Daqui a 50 anos, todos estaremos falando chinês.

Por que nas empresas são utilizados termos tão complicados? Não é mais fácil falar fácil? [Lílian]

Sem dúvida. Mas cada profissão tem sua maneira particular de se expressar. Político fala diferente de advogado, que fala diferente de engenheiro, que fala diferente de médico. E todos falam diferente de nós. No fundo, essa é uma maneira que os profissionais encontraram para se proteger. Quanto mais complicado uma pessoa falar, mais fácil será dizer depois: "Não foi bem isso que eu disse". Imagino que essa prática tenha começado com os médicos. Aliás, outro dia fui a um médico. Ele fez aquela cara de doutor e lascou um diagnóstico: "Isso aí é um processo de intumescência resultante de lesão inflamatória com necrose subcutânea". Apavorado, perguntei: "Meu Deus, doutor, quanto tempo tenho de vida?". Ele respondeu: "Ah, não se preocupe, é só um furúnculo". Nas empresas é a mesma coisa. Por exemplo, o que uma empresa deve fazer para que seus processos não fiquem obsoletos? Marketing dirá que é preciso fazer brainstorming e extrapolar os dados. Alguém de Recursos Humanos explicaria que "enquanto seres funcionais, temos de vivenciar parâmetros holísticos". Um engenheiro opinaria que esse assunto envolve "fatores inerciais de natureza não técnica". Um técnico de Sistemas diria que a empresa necessita de um processo de reformatação de conteúdo. E assim por diante. Isso é o que a gente chama de jargão. E, não por acaso, jargão é uma palavra que se originou do gorjeio dos pássaros. Todos piam, mas não sabemos o que cada um está piando. Por isso, quando alguém lhe perguntar o que você acha, responda que o assunto é incrente, mas não excludente, e por isso outras áreas devem ser consultadas. Já que não dá para mudar o mundo, o negócio é se acostumar com ele.

Saber pedir...

■■■ ou, pelo menos, insinuar que você merece aumento de salário ou promoção é quase uma "arte", porque os chefes geralmente se esquivam, inventam desculpas, desconversam. Você não pode esperar pacientemente nem ser muito direto, precisa mostrar serviço.

Como conseguir aumento de salário sem ser chata? [Vanessa]

Bom, suponho que você esteja trabalhando em uma empresa que não tem plano de cargos e salários, com regras claramente definidas sobre promoções e reajustes. E tampouco tem processo formal de avaliação individual, que premia os funcionários com melhor desempenho. Em uma empresa assim, só há uma maneira de você conseguir aumento: sendo chata.

Faz três anos que não recebo aumento de salário. Estou sendo explorada? [Cecília Lima]

Se o mundo fosse perfeito, você diria para seu chefe que quer aumento. E ele responderia: "Claro, com todo o prazer! Trinta por cento está bom? Ou você prefere 50%?". Infelizmente, o mundo não é perfeito. Quem já pediu aumento sabe que, nessas horas, o cérebro do chefe vira pudim. Ou ele fica irritado, ou começa a dar longas explicações sobre a diferença entre "salário" e "pacote de remuneração". Para, no fim da conversa, insinuar que o funcionário está ganhando até mais do que merece. Pode não parecer, mas a melhor maneira de conseguir aumento é não pedir. É mostrar que merece. Dando resultados práticos acima dos objetivos. Ou tendo participação ativa em projetos de outras áreas. Ou atualizando-se constantemente, ou demonstrando criatividade. Mas há quem já venha fazendo tudo isso há três anos, e nada aconteceu. Em casos assim, não adianta gritar, porque a empresa não vai ouvir.

Não adianta mostrar, porque não vai ver. Ou seja, a empresa é cega, surda e muda. Aí, o único jeito é adotar a mesma tática. Se a empresa é muda, você muda.

Estou nesta empresa faz sete meses. Quando fui contratada, ouvi muitas promessas. Mas, até agora, nada aconteceu. O pior é que ainda não consegui nem sequer entender os critérios que a empresa usa para promover alguém. [Lycia]

Se a gente pedir que dez pessoas, de dez empresas diferentes entre si, façam uma lista dos atributos que um funcionário precisa ter para merecer uma promoção, as dez listas coincidirão na maioria dos pontos. Resultados consistentes, espírito de liderança, visão de longo prazo, comprometimento com os objetivos, essas coisas de sempre. Porém, o que varia de empresa para empresa é o que a gente chama de "o primeiro grande critério". Na maioria das vezes, esse critério já está tão disseminado que não é mais escrito. Por isso, não é claramente percebido por quem acaba de chegar, como é o seu caso. Empresas muito conservadoras usam como primeiro critério o tempo de casa. Empresas modernas e agressivas usam a meritocracia. Há empresas em que os promovidos têm a mesma formação – engenheiros, por exemplo. Há empresas que praticam o nepotismo – contratam parentes ou amigos de parentes, e dão a eles os melhores cargos. As regras variam muito, mas existe uma única regra que pode ser aplicada a qualquer empresa, de qualquer setor, em qualquer lugar: "É promovido quem mais se parece com a empresa". Por isso, pessoas com personalidade forte e idéias próprias, mas que se chocam abertamente com a cultura existente, dificilmente são promovidas. Ao contrário, cedo ou tarde acabam sendo expelidas pelo sistema, da mesma forma que os anticorpos de nosso organismo atacam e rejeitam um órgão sadio. Em empresas, parecer é vital. Mas isso significa que o funcionário deve deixar de ser autêntico e passar a representar falso papel? Não necessariamente. Precisa, apenas, ser adaptável. O melhor exemplo disso é a água. A água não tem forma. Adquire a forma do recipiente em que é colocada. Em um copo, tem forma de copo. Em uma bandeja, tem forma de bandeja. Mas sua substância jamais muda. Ela se adapta facilmente, mas nunca se transforma. Continua cristalina e transparente, como um bom funcionário deve ser. Quem quer ser promovido precisa analisar as pessoas da empresa que foram promovidas recentemente. O que elas têm em comum? A resposta será "o primeiro grande critério".

O que é preciso fazer para ter aumento? [Cristiano]

Imagino que você já esteja fazendo o óbvio: conseguindo resultados acima de seus objetivos. Se isso não lhe rendeu aumento, vamos apelar para o falecido técnico Gentil Cardoso. Ele tinha duas máximas. Quem se desloca recebe. Quem pede tem preferência. E elas se encaixam direitinho nas empresas. A primeira é se deslocar. Se o funcionário está escondido, tem de aparecer. E pode aparecer pedindo transferência para outra área da empresa. Isso sempre rende reajuste. A segunda é pedir para ter preferência. Mas isso não significa pedir aumento. Significa pedir oportunidade. Participar de grupos de trabalho, ser o primeiro a levantar a mão quando a empresa precisa de um voluntário, apresentar idéias e sugestões, escrever para o jornal interno. Em um jogo de futebol, o jogador que mais aparece é o que está com a bola. Em uma empresa também. Agora, se você se deslocou e não recebeu e se pediu e não teve resposta, resta a opção dos bons jogadores. Mudar de time.

Já fiz muitos cursos, de todos os tipos. Tenho ótimo currículo. Mas meu gerente nunca me deu promoção. O pior é que são promovidas pessoas que têm escolaridade bem menor que a minha. Não entendo! [João Renato]

Vamos partir do princípio de que essas pessoas estão sendo promovidas por mérito, e não por protecionismo. Agora, imagine sua possível promoção como se fosse um bolo. E, como qualquer bolo, precisa ter duas coisas básicas: a lista de ingredientes e o modo de preparar. Os ingredientes são: escolaridade, talento, entusiasmo, resultados concretos e marketing pessoal. O modo de preparar consiste em misturar corretamente os ingredientes. O que normalmente acontece é que muitos profissionais que dispõem de um ingrediente em boa quantidade – em seu caso, a escolaridade – acham que ele pode substituir algum outro, ou todos os outros. Não é verdade. Não existe bolo de um ingrediente só. Ele fica sem gosto, ou não cresce, ou azeda. Aí, não é incomum um profissional fazer o que você está fazendo, e que um bom cozinheiro jamais faria: aumentar ainda mais a quantidade do ingrediente que já está saturado. Em seu caso, adicionar mais cursos ao bolo. O que lhe falta para ser promovido é um dos quatro outros ingredientes. Converse com seu gerente, e ele lhe dirá qual é. É por isso que outras pessoas estão sendo promovidas. Elas não têm muito de um ingrediente só, como você. Mas estão sabendo usar, com eficiência, o pouco que têm de cada um.

Estou na empresa faz 13 anos. Nos primeiros sete, tive várias promoções. Mas, nos últimos seis, praticamente nada aconteceu. Fiquei estacionada na mesma função. O que faço? [Maria Cecília]

Há 70 milhões de anos, os dinossauros tinham três opções: adaptar-se ao meio em que viviam, mover-se para outras plagas ou permanecer onde estavam, correndo o risco de se tornar obsoletos e ser suplantados por outras espécies. As mesmas opções continuam valendo para os profissionais de hoje. No começo, você progrediu porque se adaptou às exigências de resultados e de comportamento da empresa – regra 1 dos dinossauros. Agora, a empresa deve estar exigindo mais habilidades, ou aptidões diferentes, ou ritmo mais acelerado, e você continua trabalhando como trabalhava há dez anos – regra 3. Ou você sai daí, e começa tudo de novo – regra 2 –, ou pergunta a seu chefe o que você precisa fazer de diferente para não ficar obsoleta. E, principalmente, não peça explicações. Peça oportunidades.

Sou vendedor. Meu gerente anda dizendo que quer me promover a supervisor. Mas prefiro continuar a ser vendedor. Estou errado? [Paulo]

Está certíssimo. Quando você recusar a promoção, seu gerente provavelmente dirá que você não tem ambição. Você só precisará convencê-lo de que tem grande ambição: ser um vendedor cada vez mais eficiente e mais respeitado. Pessoas que pensam como você não são tão raras assim. Existem muitos empregados que não estão dispostos a trocar o que têm por 20% a mais de salário, se isso significar menos tempo com a família, expediente mais longo, mudança de cidade ou responsabilidade de liderar equipes. É gente que está feliz fazendo o que faz, e tentando sempre fazer melhor. Mas dificilmente seu gerente vai entender seu ponto de vista, porque ele pensa diferente. Se não pensasse, não seria gerente.

Por que colaboradores, que executam bem suas tarefas, nem sempre – ou quase nunca – são lembrados na hora de uma promoção? Em minha empresa, que é grande e organizada, isso acontece muito. Parece até que há preferência pelos menos capacitados... [Adriana]

Ao contrário do que lhe parece, esses colaboradores são lembrados na hora da promoção. Não são promovidos porque preenchem apenas um dos requisitos – fazer bem o que fazem –, mas não os outros dois. O segundo é a liderança. Bons companheiros nem sempre se tornam bons líderes, por isso a liderança precisa ser demonstrada antes da promoção. Por exemplo, incentivando positivamente os colegas e defendendo os pontos de vista da empresa. O terceiro requisito é a perspectiva de carreira. Empresas preferem promover pessoas que mostrem potencial para galgar mais um par de degraus, em vez de promover alguém que ficará estagnado no cargo seguinte, impedindo que outros colegas também possam subir. Mas as boas empresas esclarecem direitinho por que uma pessoa não foi promovida e a incentivam a se preparar para uma próxima oportunidade. Ou, então, oferecem a ela a chamada "carreira em Y", que permite continuar fazendo a mesma coisa, mas ganhando mais. É verdade que há empresas em que promoções ocorrem na base do protecionismo – a dita "peixada". Não deve ser o caso de sua empresa. Mas, se for, não há muito que fazer, a não ser virar peixe. Ou ir navegar em outros mares.

Toda vez que aparece uma vaga, minha empresa contrata alguém de fora. É assim na maioria das empresas? Santo de casa não faz milagre? [Eleonora]

Faz. Todos os dias. O problema é que muitos santos de casa se tornam parte da paisagem da empresa e perdem aquela aura de milagrosos. Tudo o que fazem é visto como "normal". Aí, quem é de casa parece que só tem defeitos e quem vem de fora parece que só tem virtudes. Em empresas, o santo, para ser santo, precisa ter o reconhecimento dos responsáveis pela canonização, os diretores. Quem faz milagres em silêncio, achando que a diretoria está notando, acaba marcando passo. A conclusão é: não basta ser santo.

Tem de apregoar os milagres. Aproveitar qualquer oportunidade para mostrar o valor de suas contribuições. Antigamente, os santos eram martirizados e decapitados. Hoje, precisam ter marketing pessoal. Ficou mais fácil. E menos doloroso.

Estou há sete anos na mesma função. Meu chefe diz que me falta agressividade. Isso quer dizer que preciso bater em alguém para ser promovida? [Cíntia]

Não. Mas talvez você esteja sendo boazinha demais. Nas empresas, existem três tipos de funcionário. O ruim, o bom e o bonzinho. Um dia, o ruim vai para fora e o bom vai para cima. Mas o bonzinho continua sempre no mesmo lugar. Estas são as cinco características dele:

- O bonzinho é ouvinte. Em uma reunião, evita dar palpite. E está sempre fazendo aquele gesto de positivo com a cabeça.
- O bonzinho concorda com tudo, principalmente com aquilo que ele não concorda. Sempre acha que é melhor não arrumar confusão e conversar depois, com mais calma.
- O bonzinho não desafia ninguém. Não gosta de discórdia. Para ele, o empate é um ótimo resultado.
- O bonzinho nunca desabafa. Mesmo quando está uma arara, continua com aquela expressão de manequim de loja de shopping.
- O bonzinho detesta aparecer. Se surgir uma oportunidade de matar um dragão e virar o herói da empresa, o bonzinho prefere sentar e esperar o dragão morrer de velho.

No fundo, o bonzinho é o funcionário que todo mundo quer ter como colega. Não faz intriga, não puxa o tapete de ninguém e sempre está disposto a ajudar. Por tudo isso, chefes e colegas preferem que o bonzinho continue onde está, contribuindo positivamente para o ambiente de trabalho. E ele não reclama. Porque é bonzinho.

Liderar...

■■■ é ter talento para servir de "modelo" e saber exercer a autoridade sobre determinado grupo. Bom líder é aquele que demonstra ter uma série de qualidades, como visão de futuro, mas uma especialmente não pode faltar: a disposição de "pular na frente" dos outros e executar algo bem feito.

■

Como posso saber se tenho habilidade para liderar pessoas? [Patrícia Rebelo]

Você certamente tem. Liderança é a capacidade de influenciar um grupo. Líderes têm ambição, energia, conhecimento, autoconfiança e iniciativa. E é exatamente esta última palavra – iniciativa – que costuma gerar dúvidas. Porque tem gente que prefere ser liderada, e por isso imagina que não vai saber liderar. Vou lhe dar um exemplo prático. Uma empresa promoveu um curso de liderança para seus funcionários. Ela os levou para a beira de um rio. E cinco funcionários, escolhidos ao acaso, foram colocados em um barco. Cada um só tinha um remo, e nenhum deles foi previamente escolhido como líder. Todos eram iguais. O objetivo era levar o barco até a linha de chegada, 100 metros adiante. O barco foi solto e a primeira reação foi de pânico. Cada um remava no próprio ritmo, e o barco não endireitava. Mas não demorou nem meio minuto para que um dos cinco começasse a orientar os outros quatro. Coordenando o ritmo das remadas e mantendo a direção correta. Esse era o líder? Sem dúvida. Só que, quando o barco atingiu a linha de chegada, esse líder foi retirado do barco. Os quatro seguidores voltaram ao ponto de partida, e o barco foi solto novamente. Aí veio a surpresa: um dos quatro imediatamente assumiu a posição de líder. E o barco chegou de novo a seu destino. Aí, saiu do barco o segundo líder, e ficaram os três seguidores. E o barco fez o percurso novamente, sem afundar, porque um dos três liderou os outros dois. Liderança, o exercício mostrou, todos tinham. A diferença é que, enquanto a maioria fica pensando no que precisa aprender para se tornar um líder, uns poucos já saem liderando. Todos somos líderes. Mas, na prática, o líder é o primeiro a aproveitar a oportunidade.

Minha empresa está falando muito em liderança. O que é um bom líder? [Renata]

Há muitas maneiras de avaliar o trabalho de um líder. A mais simples é contar quantos dos ex-subordinados dele, nos últimos cinco anos, estão hoje ocupando funções de liderança, na própria empresa ou fora dela. O bom líder é o que sabe formar grupos capazes de obter resultados consistentes. Mas o melhor líder é o que sabe formar líderes.

Dirijo uma equipe de 28 subordinados. Já participei de muitos cursos de liderança, mas ainda não consegui ouvir uma explicação, bem simples, do que é ser líder. Você teria uma? [Izabelle]

Normalmente, a melhor explicação para uma palavra está em sua origem. A palavra líder veio do antigo germânico *lad*, "caminho". Um *ladan*, ou "líder", era "aquele que mostrava o caminho". Era o guia, que conduzia caminhantes de um povoado a outro. Sua principal responsabilidade, durante a caminhada, era "cuidar de todos e de cada um". Se o líder caminhasse muito rápido, os mais lentos ficariam para trás. Se caminhasse devagar, os mais apressados ficariam irritados. Cabia, então, a ele aprender direitinho o caminho, para saber onde estavam os obstáculos e escolher a melhor rota; encontrar o ritmo mais eficiente, que faria todos chegarem com segurança, sem desperdício de tempo ou de energia. Para isso, o líder tinha de entender quais eram as limitações de cada um. Talvez a maior falha dos líderes atuais seja tratar uma equipe como se fosse um grupo homogêneo. Nesse caso, o líder estará desempenhando apenas metade de seu papel. Estará cuidando de todos, mas não de cada um.

Mudar...

■■■ de estado ou de país pode parecer, à primeira vista, excelente negócio, porque, além de salário maior, a empresa é que banca, quase sempre, o custo da casa nova. E a família, como reage? Mudar pode significar também querer começar do zero ou ser impelido a modificar a forma de agir.

■

Recebi uma proposta para trabalhar em outro Estado. O salário e as condições são atraentes, mas tenho receio de não me adaptar. O que devo considerar para decidir? [Alarcon]

Em primeiro lugar, considere que você está no século XXI. As noções de comodidade, e de proximidade da família, ficaram no século XX. Agora, as empresas querem funcionários que não enxerguem barreiras geográficas. E que se adaptem a qualquer circunstância. E que não tenham medo de mudanças. Em segundo lugar, considere que você, aí em Florianópolis, tem amigos e familiares que preza muito. E que, se mudar, terá de se afastar desse círculo de conforto. Eu lhe sugeriria o seguinte: se você for solteiro, pense como legítimo executivo do século XXI; se você for casado, ouça a opinião de sua família. Porque, para você, a adaptação ao emprego e à nova cidade será relativamente fácil. Mas, para os filhos, principalmente, não será. E não vai adiantar nada você ter bom salário, chefe satisfeito e família infeliz. Última consideração: existe uma multidão de gente que gostaria de se mudar para Floripa. Portanto, só saia daí se a oferta for muito interessante.

Estou fazendo planos para morar dois anos no exterior. Qual será o valor dessa experiência quando regressar ao Brasil? [Thyago]

Vamos dizer que você vá para a Inglaterra. E lá, além de aprender inglês, você consiga fazer alguns cursos de curta duração. E trabalhe como lavador de pratos para poder se sustentar. A maioria dos brasileiros que vão para o exterior faz isso, porque o visto concedido é de estudante, que não permite o trabalho formal. Você fará contato com um mundo diferente e aprenderá muito em termos de civilização. Mas, do ponto de vista do mercado de trabalho brasileiro, os cursos contarão pouco – a não ser que você consiga estudar em uma universidade inglesa de primeira linha. As empresas brasileiras vão avaliar sua experiência de modo pragmático: como lavador de pratos. O importante é que, antes de decidir embarcar para o exterior, você tenha claro propósito em mente. Se esse propósito for "conseguir daqui a dois anos emprego que não estou conseguindo hoje", lhe diria que as chances são remotas. Se o propósito for "somar valiosa experiência à minha vida, em um momento em que disponho de tempo e condições para fazer isso", vá voando.

Todas as noites, chego em casa com a certeza de que preciso mudar de emprego. Por tudo: chefia, oportunidade, salário, ambiente. Mas, na manhã seguinte, já não me sinto tão segura. E, assim, vou ficando. Como avaliar se realmente a hora chegou? [Letícia]

O que está acontecendo com você é algo chamado "o bom senso das manhãs". Existem pessoas – a maioria delas, creio eu – que são otimistas ao luar e realistas na alvorada. À noite, estão dispostas a correr riscos. De manhã, tendem a ser mais analíticas e mais cuidadosas. Ou, resumindo, dormem emocionais e acordam racionais. Esse, aparentemente, é seu caso. Portanto, você deve usar suas noites só para se divertir. E deve fazer os planos para o futuro entre 8 e 10 horas da manhã. Nesse horário, tente responder sinceramente a esta pergunta: é o trabalho que está influindo em meu humor, ou é meu humor que está influindo em meu trabalho? Na maioria das vezes, nós, pessoas normais, tendemos a transferir certas frustrações e situações mal resolvidas em nossa vida para os alvos que estão mais a nosso alcance: a empresa, o chefe e alguns colegas. Em casos assim, mudar de empresa não vai resolver nada. Porém, se em sua auto-análise matinal você chegar à conclusão de que está em paz, sem nenhuma ponta solta na vida, e que a empresa é a pedra em seu sapato, então não há dúvida: mude.

Não gosto do que faço. Mas não estudei para fazer o que gosto. Tenho 34 anos. Dá para recomeçar do zero?
[Leila, advogada]

Dá, mas é pouco recomendável. Em futuro processo de seleção, você enfrentaria a concorrência de pessoas que se prepararam para a área da qual você gosta. Pessoas que têm formação e experiência. A lógica diz que empresas dariam preferência a essas pessoas. Se você está em um escritório de advocacia, tente mudar – ainda como advogada – para uma empresa que mais tarde possa lhe oferecer a chance de se transferir para outro setor. Mas não declare isso nas entrevistas.

Depois de ter passado 25 anos em empresas, estou pensando em me tornar professor. Como acumulei vasta experiência prática, creio que esse seria meu diferencial como educador. Como posso encaminhar essa mudança? [Osvaldo]

Sou professora universitária. Mas gostaria de fazer uma transição de carreira. Que tipo de posição poderia exercer em uma empresa? [Márcia]

Se a vida fosse simples, eu diria que o Osvaldo e a Márcia poderiam, simplesmente, trocar de emprego um com o outro. Mas, como a vida não é assim tão simples, vamos às estatísticas. Atualmente, de cada dez pessoas, sete se dizem "insatisfeitas" com sua situação profissional. Essa insatisfação quase generalizada vem ocasionando um fenômeno chamado "a febre da mudança". Uma febre que está atingindo, principalmente, pessoas entre 35 e 45 anos com um histórico de estabilidade profissional. De repente, esse povo descobre – muitas vezes, com razão – que tem potencial para ir mais longe do que foi até agora. E essa impressão é reforçada cada vez que um colega mais jovem consegue uma promoção. A insatisfação vai se acumulando, até que, um dia, a mudança radical começa a parecer a única solução. O bom senso diz que, quando alguém toma uma decisão assim, o esforço para conseguir se destacar no novo território deverá ser enorme. Porque a pessoa terá de competir com gente já acostumada a esse novo mundo. Gente que acumulou experiência e já aprendeu o caminho das pedras. Para começar a competir em pé de igualdade, o recém-chegado deverá ter uma dose muito alta de autoconfiança e entusiasmo. Precisará, rapidamente, mostrar resultados práticos. E terá de construir uma rede interna de relacionamentos. Tudo isso é possível? Claro que sim. Mas o bom senso também indica que, se todo esse esforço de superação pessoal fosse empregado na função atual, as chances de sucesso seriam maiores, e mais imediatas. Portanto, mudar para ficar ainda é uma opção mais sensata que mudar para sair.

Minha empresa vem perdendo mercado desde 2004. Para tentar reverter esse quadro, os diretores começaram a falar que cada funcionário deve se transformar em "agente de mudança". O que isso quer dizer? Que vamos ter autonomia para promover mudanças? [Carlos]

Claro que não. Um sistema em que cada um pode mudar o que acha que deve mudar não gera progresso. Gera caos. Os diretores não estão se referindo a mudanças radicais de processo, mas a simples mudanças de atitudes. Primeiro, esperam que os funcionários acomodados se tornem mais ativos. E os lentos, mais rápidos. Segundo, os diretores não esperam que alguém da área industrial saia dando palpites sobre metodologia comercial nem que a contabilidade comece a opinar sobre a cor da embalagem. Ser agente de mudanças significa reavaliar o próprio trabalho. Se houver uma maneira de executá-lo melhor, ou mais rápido, ou com menor custo, uma proposta nesse sentido deve ser apresentada ao chefe imediato. Como seres humanos normais que somos, sempre temos ótimas sugestões para mudar o que os outros estão fazendo. Ser agente de mudanças significa entender que a mudança não começa pelos outros, mas por nós mesmos.

Minha empresa foi vendida para uma multinacional. E o pessoal de fora já chegou mudando tudo. Estamos muito preocupados. [Leila]

Nos últimos dez anos, muitas empresas mudaram de dono. Parte devido às privatizações, parte às fusões e parte à necessidade de as maiores absorverem as menores para poder manter sua posição dominante. Qualquer que seja o motivo que gerou a venda, os empregados sempre se sentem como mercadoria que mudou de mãos. Aí se reúnem no banheiro e se perguntam: "E agora?". Bom, agora é tocar o barco e enxergar a mudança não como catástrofe, mas como oportunidade. Para fazer isso, é preciso evitar a "síndrome da primeira impressão". Por exemplo, o pessoal que chegou é arrogante. Não é bem assim. O pessoal que chegou tem cultura diferente. Tentar entender essa nova cultura é a melhor maneira de se encaixar nela. Segunda coisa: o pessoal novo quer mudar tudo. Pense o contrário: se sua empresa é que tivesse comprado a outra, ia deixar tudo como estava? Claro que não. Sua empresa implantaria a própria filosofia de trabalho. E, finalmente: essa gente que chegou só fica criticando nosso jeito de trabalhar. Deixe essa gente falar. Em vez de discordar, ou de discutir, escute. Em qualquer mudança de dono, as melhores oportunidades sempre surgem para os primeiros que pulam no novo barco. É preciso aceitar a realidade de que o barco antigo não existe mais. Agora, os mares são outros. Quem se adaptar rapidamente vai descobrir que há mares que vêm para bem.

Minha empresa vive fazendo mudanças, mas parece que nada dá certo... [Fabiana]

Provavelmente, sua empresa não está conseguindo transformar discursos em soluções. Mas não está sozinha. Se a gente fizer um levantamento de todas as grandes idéias que fracassaram na prática, o valor apurado daria para zerar o déficit do INSS pelos próximos 200 anos. Quando uma empresa impõe mudança que vai beneficiá-la, mas não explica como o funcionário será beneficiado, o resultado é a resistência, em vez da motivação. Empresas sempre enxergam claramente como as mudanças vão afetar as pessoas. Mas não tão claramente como as pessoas podem afetar as mudanças.

O que fazer quando a área de RH recebe determinações da diretoria para promover mudanças sem os devidos esclarecimentos e sem sequer participar das discussões? [Janete]

Na melhor das hipóteses, reagir com veemência. Na pior, chorar de desgosto. Um dos propósitos básicos de RH é exatamente propor e promover mudanças que vão afetar positivamente a organização, no curto e no longo prazo. E, é claro, explicar aos funcionários os propósitos das mudanças e os benefícios que trarão. Logo, não faz sentido a empresa ter uma área de RH se vai usá-la apenas como executora de ordens. A verdade é que existem empresas – e muitas – cuja área de RH tem o mesmo efeito da samambaia na recepção: decorar o ambiente. A primeira grande mudança que RH promoveu foi a mudança de mentalidade da própria direção. Por isso, se suas propostas não são consideradas, e se você não participa dos projetos que envolvem pessoas, você está na área certa. Mas na empresa errada.

Tenho 47 anos. Sempre fui respeitado em meu trabalho, mas os jovens aqui da empresa me olham como se estivesse ultrapassado, porque não tenho notebook, iPod e outras quinquilharias. Como posso mudar essa percepção? [Roberto]

Adaptando-se aos novos tempos. Há mais de cem anos a Michelin – multinacional francesa – é respeitada no mundo por produzir pneus de qualidade. Mas, há dois anos, a Michelin fez sutil alteração naquela frase chamada "nossa visão": substituiu "pneu" por "locomoção". Por quê? Porque, daqui a algumas décadas, é possível que os pneus deixem de existir. Quem sabe se os carros não vão flutuar sobre um lençol eletromagnético? Ou ficar parados, enquanto a estrada se move? Tudo é possível. Ao mudar sua visão, a Michelin está simplesmente admitindo que nada neste mundo é definitivo e que o sucesso depende da adaptação aos novos tempos. Isso vale também para as carreiras profissionais: deve-se olhar para trás com orgulho e para a frente com coragem de mudar. Mesmo que a situação atual pareça sólida e confortável.

Defender-se...

▪▪▪ de gritos, comentários injustificados e humilhantes e assédio sexual provenientes de chefes ou de colegas de trabalho – é preciso aprender a sair de uma saia-justa dessas e não conviver com ela. Esse tipo de tratamento anormal só existe porque as empresas são coniventes com os funcionários.

▪

Meu chefe ainda não entendeu o que é assédio moral. Vive esculhambando todo mundo o tempo todo, e só a vontade dele prevalece. Chefes assim já não deviam ter acabado no século XIX? [Cláudia]

Deveriam. Conheci um desses chefes, que vivia pedindo para uma funcionária trazer café para ele. Só que preparar e servir café não constava na descrição do cargo dela. Para piorar, o chefe ainda criticava acintosamente o café. Um dia, a funcionária se cansou e pediu a conta. E fez uma carreira linda. Doze anos depois, era diretora de uma grande empresa. Comentei isso com o ex-chefe dela – que continuava na mesma função – e ele me respondeu: "Ela poderia ter ido muito mais longe se soubesse fazer um café decente". Chefes que assediam são como bactérias, que precisam de condições específicas para sobreviver. E essas condições ainda são proporcionadas por muitas empresas. Chefes não percebem que estão no século errado. Certamente serão extintos, mas não de um momento para outro, como foram os dinossauros. Estão sendo extintos como a geração dos judeus que vagou 40 anos no deserto, antes de chegar à Terra Prometida. Nas empresas também existe uma Terra Prometida, na qual não haverá mais assédios morais. Mas, na média, ainda estamos a uma década dela.

Trabalho em uma agência bancária que é uma bomba a ponto de explodir. A tensão é enorme, a cobrança é exagerada e o assédio moral faz parte da rotina. Exatamente o contrário do que o banco prega em seus

folhetos de comunicação interna, que falam em união, espírito de equipe e companheirismo. [Milena]

A competitividade entre bancos é enorme. E a pressão por resultados também. Seu gerente está sendo cobrado pelo diretor dele com a mesma intensidade com que ele cobra resultados de vocês. Diria, sem muito medo de errar, que seu gerente está sendo assediado moralmente e está transferindo para baixo o tratamento que recebe de cima. Em um mercado de trabalho em que há bem mais candidatos que vagas, as empresas estão esticando o limite de cada funcionário, porque substituir alguns deles não será assim tão difícil. Sua agência não vai explodir, mas alguns de vocês eventualmente vão. Esse é o risco que a diretoria de seu banco está disposta a correr.

Como podem existir, em pleno século XXI, empresas que ainda adotam um sistema militar de gestão, na base do berro e da intimidação? [Professor Meireles]

Historicamente, professor, existem dois tipos de hierarquia: a católica e a militar. A hierarquia militar valoriza a função. A católica valoriza o ocupante da função. A hierarquia militar pressupõe que a substituição de um elemento não vai influir no funcionamento do sistema. Sai o major Pereira, entra o major Travassos e a tropa continua marchando no mesmo passo. Na hierarquia católica, existe uma série de princípios imutáveis – chamados dogmas –, mas o restante está aberto à discussão e à negociação. Na hierarquia militar, a ênfase está no objetivo. Na católica, está na salvação do ser humano. Então, a conclusão parece simples: a hierarquia militar é impessoal, enquanto a católica é humanitária. Mas, analisando a História, fica claro que não foi bem assim. A Igreja Católica se consolidou porque, durante séculos, quem pensava diferente era queimado em uma fogueira. A hierarquia das empresas modernas foi copiada da Igreja Católica. Mas as intrigas e os conchavos continuam a existir, e muitos inocentes ainda são sacrificados. Pode-se reclamar da dureza da hierarquia militar, mas uma coisa é certa: ela é clara e transparente. A conclusão é que não existem sistemas bons ou ruins. Existem pessoas com bons ou maus propósitos.

Trabalho em uma organização que tem ambiente opressivo. Parece que voltamos à idade da pedra. Não existe a mínima preocupação com o bem-estar dos empregados, e os chefes sentem orgulho quando dizem que o resultado deve ser obtido a qualquer custo. Isso é normal? [Jane]

Vamos começar definindo o que seja "normal". Uma empresa existe para gerar lucro. Isso é normal. Como os concorrentes pensam a mesma coisa, acaba levando vantagem a empresa que coloca mais pressão sobre seus funcionários. Isso também é normal. As coisas começam a sair da normalidade quando essa pressão se transforma em desrespeito e humilhação. Isso é assédio moral. Portanto, se o que você chama de "bem-estar dos empregados" é algo que fere a lei trabalhista – por exemplo, trabalhar em fins de semana, sem receber, sua empresa está cometendo infração e está sujeita a punição. Se os chefes são exigentes e opressivos, mas todas as exigências legais estão sendo cumpridas, as reclamações vão ficar no campo do "seria bem melhor se fossem mais humanos". Mas, se os chefes ofendem e destratam os funcionários, a coisa muda de figura. Vocês poderiam mover uma ação trabalhista contra a empresa. Isso resolveria alguma coisa? Talvez sim, talvez não. Depende do juiz que for julgar. Mas seria um processo demorado, e o ambiente ficaria ainda pior do que já está. É por isso que hoje, na maioria das entrevistas de emprego, existe a famosa questão: "Como você se sente trabalhando sob pressão?". Parece uma pergunta retórica, mas não é. A pressão é mesmo grande, e está ficando cada vez mais forte. Portanto, o que aconteceu em seu caso foi erro de seleção. Sua empresa não lhe explicou, claramente, o tipo de ambiente de trabalho que você iria encontrar. Ou talvez tenha explicado, mas você achou que o recrutador estava exagerando. Qualquer que tenha sido o caso, a empresa não vai mudar. Principalmente se os resultados estão sendo alcançados. Portanto, cabe a você decidir se fica, ou se procura empresa adequada a suas exigências de ambiente mais sadio. Ou mais normal.

Ganhar...

▪▪▪ salário fixo ou ter renda variável: qual das duas opções é a melhor? Ter cargo imponente, mas receber salário mais baixo do que na antiga empresa: vale a pena? Trabalhar muito sem ganhar horas extras: é desorganização ou estratégia para demonstrar mais eficiência?

Recebi uma proposta de emprego de uma empresa maior do que a que estou trabalhando e com maior visibilidade no mercado. Só que o salário é 10% mais baixo. O pessoal de lá me explicou que é questão de faixas salariais. Estou em dúvida se devo aceitar. [Allene]

Existem três fatores que influem na decisão de mudar ou ficar. E os três têm pesos iguais. São remuneração, ambiente de trabalho e oportunidades futuras. Antes de seguirmos adiante, uma dica: remuneração não é a mesma coisa que salário. Salário é o valor líquido que você embolsa no fim do mês. Remuneração é esse salário e mais todos os benefícios que a empresa oferece. Por isso, avalie bem o que a nova empresa está lhe oferecendo. Se ela tiver bom plano de assistência, médica ou odontológica, ou programa de bônus anual, os 10% a menos de salário podem estar sendo mais que compensados. Mas, supondo que não haja diferença, vamos aos três fatores. O salário você já sabe que é mais baixo. O ambiente de trabalho na nova empresa é melhor? Os funcionários são tratados com respeito, têm liberdade para opinar? Converse com pessoas que já trabalham nessa empresa, e você descobrirá rapidinho. E aí considere as oportunidades futuras. Se em sua empresa atual você não enxerga muita perspectiva de ser promovida durante os próximos três anos, é bom motivo para mudar. Promoção na outra empresa já pagaria os 10% que você está deixando de receber de imediato. De qualquer forma, para mudar, você deve ter a certeza de que, dos três fatores, pelo menos dois serão melhores. Caso contrário, fique. Não mude só porque uma empresa é grande ou tem visibilidade. Nem sempre essas empresas pagam bem ou têm bom ambiente de trabalho. Certamente oferecem mais oportunidades, devido ao próprio tamanho. Mas esse fator é apenas um terço da equação.

Prezo minha qualidade de vida. Gosto de entrar e sair no horário. Mas faço mais, em oito horas, que meus colegas em 12. Porém, em minha avaliação, o diretor me considerou "desmotivada". Pode? [Carla]

Poder, ele pode. Talvez não devesse, mas pode. A questão está na diferença entre esforço e eficiência. Esforço é causa. Eficiência é conseqüência. Alguém, como você, pode conseguir ótimo resultado com pouca demonstração de esforço explícito. Enquanto isso, alguns de seus colegas podem levar mais tempo para conseguir menos. O quociente, na divisão do esforço empregado pelo resultado obtido, é "índice de produtividade". Parece simples, só que há um senão. As empresas tendem a elogiar mais esforço aparente que produtividade concreta. Funcionário que não fica na empresa nem um minuto depois do expediente, não trabalha em fins de semana e não leva trabalho para casa pode ser muito produtivo. Mesmo assim, acaba perdendo na comparação com funcionário que se dedica ao trabalho 24 horas por dia. Para esse funcionário superesforçado, família não existe. O importante é a empresa. Já para o funcionário produtivo, há vida lá fora. E ele consegue ter mais tempo para a família exatamente porque é produtivo. O senão está na percepção das pessoas. Mas não se iluda. Seu diretor sabe perfeitamente que você é produtiva. Porém, não a considera bom exemplo para aqueles que não são. Você está correta em buscar o equilíbrio pessoal e profissional, mas terá de pagar o preço de não ser apontada como referência positiva. Porque o tipo de funcionário que as empresas mais apreciam, e mais elogiam, é "o produtivo que parece esforçado".

Por que empregados se sujeitam a longas jornadas de trabalho, mesmo sem ganhar horas extras? No escritório em que trabalho, ninguém vai para casa antes das 8 da noite. [Harrison]

Os motivos variam. Um colega meu, de 47 anos, é solteiro, mora sozinho, não tem namorada, nem gato, nem cachorro, e não é chegado a exercícios físicos. E como esse amigo diz: "Vou para casa fazer o quê?". Mas, tirando casos extremos como esse, as pessoas esticam a jornada de trabalho por três motivos. O primeiro é desorganização. Durante o expediente normal, há muitas interrupções e muita mudança de prioridades. Aí, o serviço atrasa. E é mais fácil esticar a jornada que tentar colocar método nos processos. O segundo motivo é estratégico. Ninguém vai embora enquanto o chefe não for. Como nas conversas depois do expediente as críticas costumam recair sobre os ausentes, ficar é se proteger de maledicências. O terceiro motivo é cultural. Desde sempre, todo mundo costuma ficar até mais tarde, sem saber exatamente o motivo. Mas os que ficam são vistos como "mais compromissados". Independentemente do motivo, trabalhar muito não é sinônimo de trabalhar melhor. O ser humano tem curva de produtividade, que vai caindo à medida que as horas avançam. Mas isso raramente é levado em consideração nas empresas em que se trabalha além da conta. Nelas, não basta ser eficiente. O importante é parecer eficiente.

Não quero mais fazer horas extras. Quero investir em minha qualidade de vida. Como explicar isso a meu gerente? [Leila]

Quando foi contratada, você assinou um documento, chamado "contrato de trabalho". Normalmente, a maioria dos novos empregados assina isso sem ler, já que é um documento padronizado. Mas, entre outras coisas, o contrato estabelece que a empresa pode requisitar o empregado a fazer horas extraordinárias, dentro dos limites legais – duas horas diárias. Portanto, seu programa de qualidade de vida, que é louvável, deve ser planejado para não colidir com as horas extras, e não o contrário. Porém, se sua empresa a obriga a fazer horas extras além desse limite legal, saiba que isso é proibido pela legislação trabalhista. Nesse caso, suas chances são ainda menores. Se seu gerente não respeita nem a lei, vai respeitar menos ainda seu desejo de ter mais qualidade de vida.

O que é melhor, ter salário fixo ou salário variável? [Cecília]

Fixo, sem dúvida! Ele lhe dá a tranqüilidade de um dinheiro contadinho no fim de cada mês e permite que você planeje melhor seu orçamento. Mas isso só é bom para o funcionário. Para a empresa, é muito melhor que a remuneração seja proporcional ao resultado. Esse sistema – chamado de meritocracia – é baseado em metas e objetivos individuais e dá oportunidade aos bons de ganhar mais que os acomodados. Mas, principalmente, ajuda a empresa a equilibrar as contas de modo mais eficiente. Por isso, o futuro dos salários será mesmo a remuneração variável – e mais uma pequena parcela fixa, como determina a lei. Um pouco porque esse é um sistema mais justo. E muito porque é do interesse das empresas, e são as empresas que ditam as regras.

Nos últimos dois anos, recebi duas promoções. Hoje, tenho título imponente – coordenador sênior de clientes especiais –, mas continuo ganhando o que ganhava quando era analista de contas. Será que fui iludido? [Aurélio]

Foi e está sendo. Mas há precedente histórico para seu caso. No século XIX, quando o poderoso império austro-húngaro começou a entrar em decadência, os cofres reais esvaziaram-se. Os soberanos, que dependiam da lealdade de seus súditos, não tinham mais dinheiro para comprá-la. A solução – muito esperta – foi distribuir títulos de nobreza aos plebeus. Assim, o Zé da Barraca virou o Visconde das Barracas. E continuou leal à nobreza – afinal, agora ele fazia parte dela. Só que, como é notório, o império austro-húngaro desmoronou alguns anos depois, quando os novos nobres perceberam que continuavam tão pobres quanto antes. Sua empresa está adotando a mesma tática. Está lhe dando um belo cartão de visitas, em vez de lhe dar um salário compatível com sua responsabilidade. Minha sugestão é que você use o título que lhe foi concedido como alavanca para conseguir outro emprego. Se você continuar aí, não estará sendo vítima. Estará sendo cúmplice. E não se preocupe com sua empresa. Ela não vai desmoronar, porque outros plebeus aceitarão de bom grado o título que você ostenta. A empresa sabe disso, e por isso continuará criando nobres só de fachada.

Recebi duas propostas de emprego. Uma, em empresa de pequeno porte. Outra, em empresa grande e famosa. Os cargos são equivalentes, mas, para minha surpresa, na empresa grande o salário é menor. Não tem alguma coisa errada? [Wilton]

Em primeiro lugar, parabéns. Com um mundão de gente batalhando por um emprego, você conseguiu dois. Mas vamos lá. Primeiro, como você deve saber, há uma diferença entre salário e compensação. Salário é o montante de dinheiro que você recebe no fim do mês – normalmente, valor fixo. Compensação é o pacote que inclui, além do salário, benefícios indiretos que a empresa oferece e eventual remuneração variável por desempenho, no fim do ano – o chamado bônus. Mesmo assim, empresas grandes e famosas tendem a pagar menos. O primeiro motivo é a velha regra do mercado: empresas maiores atraem mais candidatos, e o preço cai porque há mais oferta que demanda. O segundo motivo diz respeito ao status. Quem entra em uma empresa renomada terá mais oportunidades futuras – dentro da própria empresa, ou fora dela. De certa forma, os recém-contratados estão pagando para poder colocar no currículo a grife de uma grande empresa.

Chefiar...

■■■ nunca é tarefa simples. O chefe precisa ter mil e uma qualidades. Deve ter grau de excelência tal que possa produzir admiração nos funcionários. Mas não pode ser nem tirano, nem molenga indeciso. Tornar-se chefe dos amigos, então, tende a ser armadilha fatal para quem não sabe se impor.

Não consigo me dar bem com meu chefe. Ele é centralizador, dispersivo, desatualizado, retrógrado. [Claudia]

Apesar disso, continua sendo seu chefe. Independentemente de sua opinião, seu chefe é mais importante para seu futuro na empresa que você para o futuro dele. Por isso, aqui vão os "10 Mandamentos de Como se Dar Bem com o Chefe":

1. Nunca falar mal do chefe. As orelhas do chefe são do tamanho de todas as paredes e de todos os corredores da empresa.
2. Nunca tentar ofuscar o chefe. Seja na roupa, seja no comportamento, seja pelo conhecimento.
3. Jamais colocar a culpa no chefe, principalmente quando a culpa é do chefe.
4. Não assumir responsabilidades que são do chefe. Se não existe um subchefe oficial, isso não significa que a função será de quem pegar primeiro.
5. Não tratar o chefe como amigo íntimo na frente de colegas ou de clientes.
6. Não interromper o chefe quando está falando. Não é que não goste de ser interrompido. Detesta.
7. Nunca dizer "chefe, temos um problema". Isso é o que se chama de delegar para cima. O chefe não quer problemas, quer soluções.
8. Jamais perguntar se um trabalho é urgente. Se o chefe em pessoa pediu, então é urgentíssimo.

9. Nunca dizer que cometeu um erro porque não entendeu bem o que o chefe havia pedido. Se o chefe fala gótico, o subordinado precisa aprender gótico.

10. Nunca tentar explicar aos colegas alguma coisa que o chefe disse. Chefes não apreciam o subordinado porta-voz. Se alguém tem dúvida, deve perguntar diretamente ao chefe.

Você tem todo o direito de dirigir sua carreira. Mas lembre-se de que, no elevador da vida profissional, o chefe é o ascensorista.

Fui promovido a chefe de meus colegas. Éramos um grupo muito unido e ninguém sobressaía. Agora, tenho de dar ordens a eles. Estou indeciso quanto à postura que devo adotar. [H. Schultz]

Nos primeiros dias, é normal que os colegas se comportem como se o novo chefe tivesse sido promovido para atender aos interesses deles. Isso não é verdade. Você foi promovido para defender os pontos de vista da empresa. Mesmo que isso contrarie coisas que você mesmo dizia. Por exemplo, que o salário é baixo, que a empresa devia pagar cursos ou que os benefícios podiam ser melhores. Só que, agora, você vai descobrir que essas reivindicações não são assim tão fáceis de atender. Mas fique sossegado. Sua empresa não teria promovido você a chefe se não tivesse visto em você alguém capaz de se comportar como chefe. E isso significa que você não deve mais pensar como colega. Tem de começar a pensar como chefe. Explique a seus subordinados que você não mudou. O que mudou foi a situação. Você tentará fazer o melhor por eles, mas também terá de exigir que entendam sua nova posição. Se for o caso – tomara que não seja – , terá de punir ou demitir um desses colegas. Se for firme, essa fase de transição vai durar, no máximo, um mês. Daí em diante, passará a ser respeitado por sua autoridade. Porque é chefe. E também passará a ser criticado por sua insensibilidade. Porque é chefe.

Tenho 21 anos e não entendo meu chefe. Ele é atrasado e quer que o mundo acabe do jeito que está hoje. Por que as pessoas mais antigas têm pavor de mudanças? [Marluce]

São dois os motivos: o primeiro é o aprendizado. Quando uma pessoa está familiarizada e satisfeita com determinado processo, passa a desconfiar da real utilidade de qualquer processo novo ou diferente. A pergunta padrão é: "Por que mudar o que está bom?". Já quem não tem essa referência anterior absorve novidades com maior facilidade. Crianças de 6 anos manipulam videogame com mais desenvoltura que um cidadão de 60 anos. O segundo motivo é a segurança. Quem já acumulou alguma coisa na vida – seja cargo profissional, seja bens materiais – torna-se mais refratário a mudanças. É por isso que jovens, e não anciãos, foram responsáveis pelas grandes transformações ocorridas no mundo. Em empresas, muitos veteranos cometem o erro de tentar ignorar as mudanças. E muitos jovens cometem o erro de querer mudar tudo, incluindo o que não é necessário mudar. A sabedoria está no equilíbrio entre o progresso e o conservadorismo. Você entenderá isso melhor daqui a 20 anos. No exato momento em que tiver de dizer, para um jovem de 21 anos, que é rebelde e apressado.

Fui promovido a supervisor de equipe, da qual fiz parte durante três anos. Meus companheiros - agora, subordinados - esperam que eu faça muitas coisas por eles, mas já percebi que será impossível atender a todos esses pedidos. Como posso explicar isso a eles sem perder aquela ligação estreita que tínhamos anteriormente? [Célio]

Faz um mês, um colega se tornou nosso chefe. Fomos nós mesmos que pedimos a promoção dele, mas já estamos arrependidos. Assim que assumiu a função, parece ter se transformado em outra pessoa. Será que apoiamos a pessoa errada? [12 descontentes]

Um bom colega defende os interesses dos colegas. Um chefe, acima de tudo, defende os interesses da empresa. Muitas vezes, até contrariando as expectativas e os interesses dos ex-colegas. Isso não quer dizer que alguém, ao ser promovido, deva começar a se vestir de modo diferente, a falar de modo diferente e a se comportar como se fosse a reencarnação de Alexandre, o Grande. Ao contrário. Se a turma costumava se reunir depois do expediente para falar mal da empresa, o novo chefe deve ser o primeiro a incentivar a continuidade desses encontros. Porém, o novo chefe precisa explicar claramente os limites de seu novo cargo. Primeiro, ele não se tornou o presidente da empresa. Não recebeu poderes ilimitados para mudar as coisas da noite para o dia. Segundo, terá de exigir o cumprimento de objetivos. Não porque, de repente, transformou-se em um déspota, mas porque isso é o que está escrito na descrição de sua nova função. Quando a empresa escolhe alguém para ser promovido, espera que o agraciado use algo que antes não precisava demonstrar: liderança. E isso, no primeiro momento, não significa "mandar". Significa "unir". Com afeição, mas com firmeza. E com rapidez. Se, ao fim da primeira semana, o novo chefe ainda não conseguiu se impor, dificilmente conseguirá. O mais indicado é o novo chefe fazer uma reunião logo no primeiro dia. Para explicar que, como pessoa, continuará a ser igualzinho ao que sempre foi. Mas, como profissional, terá a obrigação de ser um pouquinho diferente. Porque, se não for, aí sim a empresa terá promovido a pessoa errada.

Tenho uma gerente. Ótima pessoa. Ela me incentiva muito e até me pede para fazer trabalhos especiais. Por exemplo, todas as apresentações dela sou eu que preparo. O único problema é que ela não me dá nenhum crédito. Fica com todo o mérito, e o resto da empresa nem sabe que existo. Isso é certo? [Izilda]

Não é certo, mas é compreensível. Casos como o seu existem em qualquer empresa. O lado bom é que você está mostrando competências além de sua função. O lado ruim é que, exatamente por ser competente, pode ter sua carreira travada. Sua gerente vai fazer o possível para que você continue no lugar em que está. O que você precisa fazer é chegar a sua gerente e dizer que gostaria de ter o apoio dela para ser transferida para outra área da empresa. Mas usando como argumento seu desenvolvimento, sem deixar transparecer qualquer insatisfação. Se sua gerente negar, sugiro que você comece a procurar, com calma, outro emprego. Senão, corre o risco de se transformar em uma "funcionária de estimação". Aquela que é bem tratada, sempre recebe muito carinho, mas jamais sai da gaiola. Isso pode ser até confortável no curto prazo, mas é péssimo para a carreira.

Gosto de trabalhar ouvindo música. Levo meu iPod para o escritório e curto meu som sem incomodar ninguém. Mas meu chefe diz que a música me distrai e manda eu desligar o iPod. Digo que a música relaxa e me permite trabalhar melhor. Quem está certo? [Douglas]

Seu chefe. As empresas têm o que se chama de "regimento interno". São as regras de comportamento que todos os funcionários devem observar. Normalmente, essas regras são determinadas pela direção da empresa, por meio do código de conduta, da definição do traje apropriado, da liberação (ou proibição) do acesso à internet, e por aí vai. Excetuando-se o que diz respeito à ética, todas essas regras são discutíveis, porque refletem apenas a opinião das pessoas da direção. Nos casos em que não existe regra definida pela direção, vale a palavra do chefe. Desde que ele se limite ao campo profissional, sem interferir na vida pessoal de seus subordinados. O motivo que seu chefe está lhe dando – a distração

– é profissional. Logo, seu chefe está agindo corretamente. Mas, aqui entre nós, ele é um chato.

Este é o meu terceiro emprego. Em todos eles, dei o azar de ter chefes molengas, mais preocupados com a própria sobrevivência no emprego que com o desenvolvimento de seus subordinados. [Gabriela]

Isso não é azar. Isso é – e espero que você não se ofenda – culpa que você precisa dividir com quem contratou você. O "entre", no começo da palavra "entrevista", não significa que você deve entrar na primeira porta que aparecer. "Entre" é um prefixo que quer dizer "mão dupla". Na entrevista, você foi avaliada, mas não soube avaliar. Não perguntou o que poderia ter perguntado. Mas não se sinta mal. A maioria dos entrevistados faz exatamente o que você fez. Tenta conseguir o emprego. E só depois vai descobrir que aquela não era boa opção. Por isso, na próxima vez, entreviste bem seu chefe antes de decidir.

Meu chefe não me explica as coisas direito e depois me critica por não ter feito o que pediu. Já cansei. O que faço para não ser mais criticada? [Lilian]

Trabalhe por etapas. Durante o processo, pergunte várias vezes a seu chefe se daquele jeito está bom ou se ele prefere que você mude alguma coisa. Existem pessoas que têm, mesmo, dificuldade para se comunicar verbalmente. Isso não significa que sejam confusas em tudo o que fazem. Normalmente, compensam essa deficiência escrevendo bem, ou são muito boas em cálculos, ou em informática. Seu chefe precisa de sua ajuda, embora relute em reconhecer isso. Se aparecer uma oportunidade, sugira a ele um curso de comunicação verbal. Será bom para a carreira dele e ótimo para a sua.

Sou gerente de uma equipe de 18 colaboradores. Talvez por ser democrática, até demais, meus subordinados me "delegam" seus problemas, em vez de tentar resolvê-los. Como posso convencê-los a ser mais proativos? [Lucélia]

Tive um chefe ótimo. Quando me contratou, deu-me uma folha de papel. O título era: "Como trazer um problema para o chefe". Quando fosse falar com ele, tinha de respeitar as regras, que eram cinco:

1. Qual é o problema?
2. Qual foi a causa do problema?
3. Quais são as possíveis soluções?
4. Se você precisa de dados para explicar o problema, traga-os.
5. Se você precisar do apoio de outra pessoa, traga-a.

Trabalhei com esse chefe durante seis anos. Ao me preparar para falar com ele, levantando dados e pensando em possíveis soluções, já percebia que o problema não era tão complicado quanto parecia ser no primeiro momento, quando a emoção se sobrepõe à razão. Finalmente, no pé do papel com as cinco regrinhas, havia uma observação: como posso dar a todos a impressão de que foi meu chefe, e não eu, quem resolveu o problema?

As exigências de meu chefe estão me deixando meio estressada. Disse isso a ele, e meu chefe respondeu que estresse é coisa de rico. O que faço? [Lydia]

Isso ainda não é um problema. O problema é quando esse "meio" desaparecer e você ficar estressada por inteiro. Aí, é sério. Muita gente, como seu chefe, realmente acha que estresse é coisa de rico. Isso não é verdade. O estresse pode afetar qualquer pessoa, independentemente de idade ou saldo bancário. O estresse ocorre quando alguém se considera incapaz, física e mentalmente, de superar uma situação. Como excesso de trabalho, dívidas além da conta, um chefe irritante ou a dificuldade para conciliar o trabalho com a vida familiar. A palavra stress é inglesa, e significa esticar. As leis da Física ensinam que qualquer coisa só pode ser esticada até certo limite. Se passar desse limite, vai romper. Estresse é isso. O cérebro se convenceu de que não dá mais para esticar. E começa a emitir sinais através do corpo. Aí, o que era psicológico – irritação, depressão – vira físico: dores de cabeça, tonturas, desmaios. Só há uma maneira de interromper esse processo. Pare. Pare por um dia. Ou uma semana. Se uma pessoa altamente estressada não parar, pode ter uma crise nervosa só porque acabou a bateria do celular. Como dizem os anúncios, se os sintomas persistirem, consulte o médico. Ele vai lhe dizer, como eu lhe disse, que é preciso parar. Mas com uma vantagem: posso lhe dar uma sugestão. O médico pode lhe dar um atestado.

Sou gerente de uma área com 32 funcionários. Por mais que tente, não consigo motivar o pessoal a ser mais produtivo. Já implantei vários programas de premiação por desempenho, mas as coisas continuam devagar. O que estaria faltando? [Roberta S.M.]

Identificar dois ou três funcionários que estão conspirando contra. Independentemente do tamanho de uma empresa, ela se subdivide em grupos de dez funcionários. Desses, dois trabalham para acelerar os negócios, e dois para brecar todas as iniciativas. Os outros seis só acompanham a maré. Em seu caso, os dois que brecam estão tendo mais influência sobre os seis neutros que os dois que aceleram. E isso faz com que 80% produzam menos do que poderiam produzir. Os conspiradores não estão nem contra você nem contra a empresa. São apenas pessoas acomodadas ou inseguras, que detestam mudanças, mas que conseguem se impor pela personalidade ou pelo tempo de casa. Com essas pessoas, programas de premiação não funcionam. Elas precisam de choque. Devem ser claramente informadas de que estão a um passo de perder o emprego se não mudarem de atitude. Muito provavelmente, você já sabe quem são essas pessoas, mas está hesitando em tomar uma atitude drástica para não comprometer o ambiente de trabalho. Isso é louvável, mas não resolve.

Minha empresa contratou um chefe novo para minha área. E ele já chegou apontando mil defeitos. O que faço? [Maciel]

Fique na sua. Tente entender que o novo chefe tem, mais que você e seus colegas, muita coisa para provar. Vida de chefe novo tem duas fases. A primeira dura, no máximo, três meses. É a fase em que o chefe pode ficar culpando o passado. Nessa fase, talvez contrate alguns amigos fiéis e dispense alguém antigo só para mostrar quem é que manda. Mas aí começa a segunda fase. Aquela em que o chefe tem de mostrar resultados no presente para provar que tem futuro. A experiência prática tem mostrado que o chefe que dá certo é o que consegue ganhar a confiança da tropa. E o chefe que dá errado é o que pensa que pode vencer uma guerra lutando contra o próprio exército.

Faço parte de uma equipe de 12 funcionários. Nosso chefe sobrecarrega alguns de nós, enquanto outros recebem menos trabalho. Só que todos ganham o mesmo. Isso não está errado? [Jorge]

Não. Nem do ponto de vista legal – funções iguais devem ter salários iguais –, nem do ponto de vista da produtividade. Existe uma regrinha interessante para a gestão de equipes. Todo chefe a conhece, mas a maioria dos subordinados a ignora. A regra diz: "Se há uma tarefa urgente a ser feita, ela deve ser dada ao funcionário que esteja cheio de trabalho, e não ao funcionário que tenha tempo sobrando. Essa é a garantia de que a tarefa será executada no prazo previsto". Evidentemente, deveria haver algum tipo de avaliação individual de desempenho para premiar os mais eficientes. Se não há, restam dois consolos: os mais sobrecarregados são os melhores, e por isso são sobrecarregados; os sobrecarregados terão mais futuro que os acomodados. Mesmo que o presente possa dar a falsa impressão de que os sobrecarregados são ingênuos e os acomodados são espertos.

Minha gerente me disse que preciso desenvolver meus pontos fracos. E mencionou quatro deles. Se já é difícil alguém ser realmente bom em uma coisa, qual é o segredo para ser bom em cinco? [Cilene]

Nos primeiros anos de nossa vida, nosso cérebro é flexível. Tem uma imensidão de estruturas, que nos permitem aprender a fazer diversas coisas. Até os 16 anos, vamos dizendo ao cérebro para se concentrar em algumas dessas estruturas – aquelas atividades em que nos sentimos melhor ou pelas quais somos mais elogiados. Ao fazer isso, o cérebro vai colocando as demais estruturas em uma espécie de arquivo morto. Com 25 anos, o processo pára. A partir daí, uma pessoa que, por exemplo, não demonstrou aptidão em matemática, nunca mais vai transformar isso em seu ponto forte. Todos nós temos uma lista de pontos fortes e fracos. As empresas recomendam que tentemos melhorar nossos pontos fracos, o que faz sentido. Mas controlar um ponto fraco – como a timidez – é uma coisa. Fazê-lo ficar forte é outra coisa, bem diferente. Por isso, o melhor é investir para tornar seus pontos fortes cada vez mais fortes. Tentar transformar pontos fracos em pontos fortes confunde o cérebro. Porque já dissemos para ele, há anos, que aquelas não eram as nossas praias.

Um mês depois, o gerente que me admitiu foi dispensado. E não deixou por escrito as promessas que me fez na contratação - aumento em seis meses, promoção em um ano. O novo gerente me disse que todo mundo é igual, e todos terão as mesmas oportunidades. Não acho justo. É justo? [Helena]

Não, não é. Mas vamos pensar nas possibilidades práticas. Não adianta você pedir uma carta para seu ex-gerente, detalhando o que foi combinado. Qualquer promessa que ele tenha feito perdeu o valor quando foi dispensado. Se, na empresa, existem testemunhas do que lhe foi oferecido – a área de Recursos Humanos deveria estar a par –, você pode conseguir um crédito para o futuro. Esse crédito só terá algum efeito se você ganhar a confiança do novo gerente. E só conseguirá isso se concordar com ele que todos merecem oportunidades iguais. Em resumo, você saiu perdendo. Trocou um emprego por promessas que não serão cumpridas no prazo acordado e que poderão virar fumaça. A lição – para você e para quem ouvir promessas na hora da contratação – é que empresas, principalmente as maiores, funcionam segundo a regra do jogo do bicho: "Vale o que está escrito". Aquela plaquinha que alguns chefes ainda mantêm sobre a mesa – "Não diga, escreva" – é mais que conselho. Em muitos casos, é precaução indispensável.

Meu diretor diz que devemos encarar nossos colegas de trabalho como concorrentes, não como amigos. Essa visão não cria um ambiente ruim para trabalhar? [Ana Galvez]

Não necessariamente. Seus colegas de trabalho não são seus inimigos. Mas serão seus adversários diretos quando surgir uma chance de promoção. O diretor certamente não está insinuando que você deva prejudicar seus colegas com atitudes antiéticas. Está, apenas, sugerindo que todos vocês tratem um ao outro da mesma maneira que a empresa trata os concorrentes: ficando de olho bem aberto para tudo o que fazem e executando um trabalho muito mais eficiente do que executam. Olhando pelo lado positivo, seu diretor não está lhe pedindo para ser ruim ou perversa, simplesmente para tentar ser melhor, e demonstrar que é. Olhando pelo lado negativo, ele pode ser um desequilibrado que quer ver o circo pegar fogo. Mas a primeira hipótese é muito mais provável, e foi por isso que ele chegou a diretor.

Pedi demissão de uma empresa depois de duas semanas de trabalho, porque meu chefe era desequilibrado emocionalmente. Isso vai manchar meu currículo? [Marlon]

Não necessariamente. Mas vai, com certeza, requerer boa explicação de sua parte em futuras entrevistas. Os entrevistadores vão querer saber como você não percebeu fato tão óbvio, já que você deve ter tido um ou mais contatos com esse chefe antes de aceitar o emprego. Se você disser que o chefe fingiu ser normal na entrevista, e depois se revelou psicótico, dificilmente vai convencer alguém. Sugiro que você assuma a maior parte da culpa. Diga que você não fez perguntas suficientes antes de sua contratação, e por isso tomou a decisão errada. E aí, para não prejudicar a empresa, decidiu sair. De qualquer forma, você não estabeleceu recorde. Em uma empresa em que trabalhei, um gerente setorial de vendas pediu demissão no primeiro dia de trabalho. Antes de ser apresentado a qualquer pessoa, foi colocado em uma salinha de 4 metros quadrados. E o gerente de RH solicitou que lesse uma pilha de manuais de vendas. Ele leu. Duas horas depois, recebeu outra pilha de manuais, agora de procedimentos financeiros. Quando foi colocada sobre a mesa uma terceira pilha, os manuais de auditoria, ele pediu a conta. O fato, embora folclórico, não manchou o currículo dele. Porque se intitulava "um homem de ação", e assumiu a culpa de não haver perguntado se a empresa era burocrática.

Como posso fazer com que meu chefe reconheça meu trabalho? [Eliana]

São três regrinhas:

Sempre pergunte ao chefe o que você pode e não pode fazer.

1. Resolva todos os problemas que você puder resolver.

2. Sempre dê a impressão de que foi seu chefe, e não você, quem solucionou um problema.

3. Chefes tendem a reconhecer quem faz com que eles saiam bem na foto, e não necessariamente quem é mais brilhante.

Empreender...

▪▪▪ é a primeira coisa que a maioria dos assalariados pensam quando fica descontente com o que ganha no final do mês, com o comportamento do chefe, ou com a estagnação da carreira. Mas, para abrir o próprio negócio, é preciso mais que investimento, é preciso ter "o" perfil. Vocação, em resumo.

▪

Empaquei na carreira. Devo me resignar ou pedir demissão e arriscar negócio próprio? [João]

Uma das falhas do sistema educacional é a falta de um teste de vocação. Ele responderia a uma simples pergunta: "Eu me daria melhor como empresário ou como empregado?". Há empregados que são excelentes empreendedores internos. São pessoas que, atuando em nome da empresa, fecham negócios, tomam decisões sobre grandes investimentos, dirigem equipes de dezenas de subordinados e geram resultados contínuos e consistentes. Um dia, muitas dessas pessoas descobrem que não conseguem gerenciar uma pousada na praia, com quatro funcionários e um orçamento mensal de 100 salários mínimos. A diferença entre o empregado e o empresário é que o empregado – mesmo que tenha o título de diretor – sente-se bem trabalhando em equipe, compartilha decisões, aceita a burocracia e se sente confortável debaixo do guarda-chuva de um organograma. O empresário é exatamente o contrário. Quer decidir sozinho, e não é de aceitar intromissões. Quando alguém com espírito de empresário trabalha como empregado, os conflitos são inevitáveis. Na opinião dele, os colegas são meio devagar e o processo de tomada de decisões é lento e preguiçoso. Portanto, se alguém com vocação para empregado se arrisca em negócio próprio, a chance de sucesso é baixa. É por esse motivo que 50% das pequenas empresas não duram três anos e 70% não chegam ao quinto. Ser empreendedor em causa própria é ótimo, mas pelo motivo certo: a vocação. O motivo errado é a falta de perspectiva na empresa.

Qual é a diferença entre o empreendedor de oportunidade e o empreendedor por necessidade? [Miguel]

O empreendedor de oportunidade tem uma idéia ou algum talento que o diferencia dos demais. Esse talento não precisa ser nenhuma ciência espacial. Alguém pode ter talento para vender carros usados e se dar muito bem. Já o empreendedor por necessidade é aquele que se vê diante de um beco sem saída no mercado de trabalho. Aquele que pensa: "Ninguém me paga o que quero, ou mereço, portanto, vou cuidar de minha vida". Evidentemente, o empreendedor oportunista (no bom sentido) tem muito mais chances de dar certo.

Tenho 16 anos. Vale a pena fazer faculdade? Ou o dinheiro pode ser mais bem empregado abrindo uma empresa? [Tatiana]

Bill Gates abandonou a faculdade para fundar a Microsoft. Ele é constantemente citado como o melhor exemplo de que talento e estudo não são complementares. Porém, de Bill Gates para cá, milhões de jovens tomaram a mesma decisão. Os que deram certo constituem ínfima minoria. A maioria está lamentando a má decisão que tomou. Bill Gates & Cia. são exceções. Naturalmente, todo jovem acredita que também será exceção. Mas não pode existir uma situação em que 99% serão exceções. Portanto, fazer faculdade é como fazer seguro. Se não for necessária no futuro, ótimo. Se for, está feita.

No mundo sem emprego, a única saída é ser empreendedor? [Marcelo]

Não. Prestador de serviços não é necessariamente empreendedor. Alguém que entenda muito de, por exemplo, informática pode ganhar razoavelmente bem prestando serviços a empresas. E esse contingente autônomo deverá ser, daqui a duas ou três gerações, a grande massa do mercado de trabalho. Empregados contratados serão a segunda fatia e empreendedores a terceira.

Em minha empresa, tenho feito muitas apresentações. Sempre sou elogiado e aplaudido. Meus colegas dizem que estou perdendo tempo, que deveria me tornar palestrante. Pergunto: esse é um bom ramo? O que é preciso para ser palestrante profissional? [Alexandre]

É ótimo ramo e está em expansão. Essas são as boas notícias. Agora, vamos às outras. No Brasil, existem cerca de 20 mil pessoas que fazem palestras, mesmo que esporadicamente. Em sua quase totalidade, esse grupo é composto de professores, executivos de empresas, consultores ou profissionais liberais, que usam as palestras como alavanca para sua função principal. Por isso, recebem pouco – ou, eventualmente, nada – por uma palestra. Existe também um grupo bem menor, que não chega a cem pessoas, cuja principal atividade são as palestras. E esse é o problema desse ramo: não existe classe média. O pulo deve ser dado diretamente da base para o topo. Há milhares de ótimos palestrantes no Brasil. Gente que consegue reter a atenção da platéia durante uma hora, que tem conteúdo original e sabe utilizar o humor e a emoção para passar sua mensagem. Mas o que leva alguém ao topo da pirâmide é algo chamado "visibilidade prévia". Em outras palavras, fama. Que pode vir de várias fontes: livros de sucesso, presença contínua na mídia, cargos de impacto nacional – esportistas e ministros, por exemplo. O último fator é o tempo. Há palestrantes que hoje são muito conhecidos porque já fazem palestras há 30 anos, ou mais. Por isso, um palestrante de primeira linha não é necessariamente o que fala melhor ou tem o melhor material para apresentar. É, apenas, aquele que conseguiu aproveitar o renome conseguido. Em resumo, palestras podem gerar fama, mas isso demora. No curto prazo, a fama é que gera palestras.

Minha empresa diz que cada funcionário deve ser empreendedor. Como isso funciona? [Elias]

Funciona assim: "Na hora de decidir, decida como se a empresa fosse sua". As empresas perceberam que um empreendedor de fato, aquele que conseguiu ter sucesso com o próprio negócio, possui características que também são importantes para um empregado. Por exemplo, a capacidade de enxergar todos os ângulos de uma questão. A criatividade na hora de avaliar um problema. E a preocupação constante e quase paranóica com custos. Acontece, porém, que o verdadeiro empreendedor também tem certas características que são nocivas para um empregado. Por exemplo, tomar decisões sem precisar dar satisfações a ninguém. O profundo desprezo pela burocracia interna. E certa dificuldade para trabalhar em equipe. Por isso, o que as empresas estão chamando de "empreendedorismo interno" é um pequeno paradoxo. O empregado deve decidir como se o dinheiro fosse dele, mas sabendo que o dinheiro não é dele. Se sua empresa decidiu que os funcionários vão ser empreendedores, aqui vai uma dica para se dar bem nesse processo. É só agir como jogador de futebol. O jogador pode decidir o que fazer em campo. Desde que faça o que o técnico mandou. Caso contrário, é substituído.

Estou pensando em pedir demissão e abrir meu próprio negócio. Seria boa idéia? **[J. Misael]**

Vamos às boas e às más notícias.

Começando com as más, que são quatro:

1. Se você precisar de capital, e optar por empréstimo pessoal, os juros serão indecorosos.
2. A burocracia é irritante. O que lá fora leva dias, no Brasil leva meses.
3. Os impostos são sufocantes. O Brasil é um dos campeões mundiais nesse quesito.
4. Uma estatística amplamente divulgada diz que mais da metade das pequenas empresas fecha antes de completar três anos.

Agora, as boas notícias:

1. A estatística do item anterior não é desastre nem exclusividade brasileira. Mesmo em países mais adiantados, as chances de uma pequena empresa dar certo também são de 50%.
2. Atualmente, no mercado de trabalho, para cada dez pessoas bem qualificadas, há no máximo três bons empregos. Logo, estatística por estatística, 50% são melhores que 30%.
3. Nenhum dos países ricos e poderosos do mundo ficou rico e poderoso porque formou bons empregados. Esses países prosperaram porque tiveram grandes empreendedores.

Por isso, eu lhe sugiro o seguinte: abra seu negócio, mas não peça demissão até que ele esteja pronto para começar a funcionar. Certifique-se de que haverá clientes suficientes para manter seu negócio a partir do primeiro dia. E, principalmente, não abra um negócio porque você está de saco cheio. Abra porque você acredita no potencial dele, e no seu. Em resumo, pense com a cabeça, e não com os testículos.

Tenho bom emprego. Um amigo me propôs abrirmos nosso próprio negócio. Parece boa oportunidade, mas estou em dúvida. Vale a pena trocar o certo pelo duvidoso? [Gaspar]

O empreendedor de verdade aprecia correr riscos. Para ele, nada parece duvidoso. Já o empregado nato é mais conservador e menos otimista. É alguém com muita habilidade para gerir o dinheiro alheio, mas não tão corajoso na hora de botar a poupança pessoal na reta. Logo, se você fez a pergunta, você nasceu para empregado. A resposta, em seu caso, é "não".

Minha empresa adotou uma política segundo a qual todos os funcionários devem pensar como se fossem donos da empresa. Isso vai funcionar? [Juliano]

Isso se chama intra-empreendedorismo. Para essa política dar certo, você precisa pensar como empreendedor, mas sem esquecer que continua sendo empregado. Deve começar a prestar atenção em coisas corriqueiras que acarretam custos, como uma torneira pingando. Deve propor maneiras melhores de satisfazer um cliente ou encontrar um modo de ser mais produtivo em seu próprio trabalho. Mas você não pode fazer o que um dono faz, como demitir os colegas chatos ou impor uma metodologia diferente de trabalho. Em outras palavras, você passa a ter as responsabilidades de um empreendedor, mas não os benefícios que ele tem.

Fiquei fora do mercado de trabalho durante sete anos, tempo em que tive minha própria empresa. No fim do ano passado, decidi voltar a ser empregado. Enviei currículos e imaginei que, com minha experiência, surgiriam empresas interessadas em conversar comigo. Até agora, não recebi um só retorno. É isso mesmo? As empresas pregam o empreendedorismo interno, mas discriminam empreendedores de verdade? [B. Moreira]

Um verdadeiro empreendedor tem algumas características peculiares. Gosta de tomar decisões, muitas delas bem arriscadas. Abomina a burocracia, detesta receber ordens e não é muito chegado ao trabalho em equipe, no qual todas as opiniões têm peso igual. Empresas, em sua maioria, buscam empregados com o perfil oposto. Como sempre aparecem dezenas de candidatos com o perfil desejado pela empresa, o ex-empreendedor acaba ficando de fora. De certa forma, assusta. Diria que você só será contratado por alguém que o conheça muito bem. Com base apenas no currículo, suas chances são remotas, como você está comprovando.

Em uma empresa, existe um caminho mais ou menos determinado, a carreira. Existe algo similar no mundo dos empreendedores? [Antônio]

Não. A carreira é uma série de passos, definida pela empresa. Para dar o passo seguinte, o funcionário precisa preencher uma série de requisitos. Um deles, o de ter baixo índice de rejeição. Já o empreendedor estabelece as próprias regras. O funcionário vê oportunidades de ascensão. E o empreendedor vê oportunidades de negócios.

Por que se fala em mundo sem emprego? Cada empreendedor não acaba tendo seus empregados também? [Lucélia]

Talvez a melhor definição seja "o fim do emprego direto". Com registro, horário e hierarquia. Para perceber isso, basta fazer um inventário dos ex-colegas de escola. A cada ano que passa, aumenta o número dos que se tornam autônomos. Eles têm um emprego, mas não são empregados.

Fiquei três anos fora do mercado de trabalho, tocando meu próprio negócio. Agora, já faz um ano e meio que estou tentando voltar e não consigo. Tenho experiência e escolaridade, mas não sou chamada para nenhuma entrevista. O que posso fazer? [Laura]

Concentre sua busca em empresas de médio ou pequeno porte. Empresas maiores realmente demonstram – e sei lá por que – certa prevenção contra ex-empreendedores. É como se alguém que não estava mais a fim de trabalhar em empresas e decidiu sair para abrir um negócio não merecesse retornar ao ninho antigo. Empresas de porte menor não têm essa precaução. Para elas, a experiência – boa ou ruim – ainda conta muito.

Ter e manter...

■■■ o emprego é o que todo mundo quer na vida. Mas perder faz parte do jogo. E você pode enfrentar de cabeça erguida os *bad days* que virão, caso receba o cartão vermelho, se fizer um planejamento. Ter emprego quando se é muito jovem, então, é como encontrar agulha no palheiro.

Estou meio perdida. Preciso orientar meu filho, de 15 anos, quanto à faculdade mais indicada para cursar. Mas nem sei por onde começar. Em que áreas estarão os melhores empregos no futuro? [Ana Lúcia]

Se isso lhe servir de consolo, seu filho não vai passar pela situação que você está passando agora. Daqui a 30 anos, quando ele tiver filhos adolescentes, a palavra "emprego" já não terá mais o peso que tem hoje. O que acontece é que a maioria das pessoas de nossa geração foi dirigida, desde criancinha, para uma única alternativa profissional: trabalhar em empresa. Mas, se você prestar atenção à história do mercado de trabalho, notará que o chamado "emprego" – com carteira assinada, salário fixo, benefícios e aposentadoria – é um fenômeno típico do século XX. Esse emprego estável, e protegido por leis oficiais, não existia até o século XIX. E está, lentamente, deixando de existir no século XXI. Em comparação com a década de 1970, uma montadora do ABC paulista produz hoje o triplo de carros que produzia, mas usando um terço da mão-de-obra. Você se sente meio sem rumo porque lhe falta algo chamado "referência". O mundo em que você foi criada – aquele do "faça boa faculdade e você conseguirá bom emprego" – está em extinção. Hoje, para cada dez jovens academicamente bem preparados, há no máximo três boas vagas. E, daqui a 30 anos, haverá meia vaga. Nossa geração não teve, porque não precisou ter, orientação para escolher entre emprego e trabalho autônomo. E essa é a grande escolha que seu filho terá de fazer: trocar a segurança de um emprego pelo risco de empreender por conta própria. Porém, mãe é mãe. E toda mãe sempre achou, e sempre achará, que seu filho reúne todas as condições para conseguir uma daquelas "vagas impossíveis" do mercado de trabalho. Por isso, minha recomendação é que seu filho estude Administração. Por um simples motivo: esse é o mais genérico dos cursos. O que oferece o maior leque de possibilidades. O curso ideal para quem não sabe que curso fazer. Depois, quando seu filho encontrar um rumo profissional, poderá fazer cursos de especialização, na área em que se encaixou. Finalmente, não se torture. Se você está confusa, é porque já percebeu que o futuro profissional dos filhos não será a continuidade do passado profissional dos pais. E esse é um passo que a maioria dos pais ainda reluta em dar.

Estou no 2º. ano de Direito. Quais são as chances de conseguir emprego quando me formar? [Fernando]

São de 100%. Porém, se você refinar a pergunta – por exemplo, "Quais são as chances de conseguir emprego na área jurídica de uma grande empresa?" –, aí as chances caem para uma em mil. Ou menos. A advocacia é uma profissão que está vivendo um período de saturação – há muito mais formandos que novas vagas. Nos últimos anos, as empresas vêm reduzindo suas áreas jurídicas e terceirizando trabalhos. Há 20 anos, a maioria das empresas de porte tinha uma equipe de advogados trabalhistas. Hoje, são raras as que têm pelo menos um. Passaram a usar os serviços de escritórios especializados e pagam por tarefa executada. Evidentemente, esses escritórios precisam contratar advogados. Só que os sócios tendem a dar preferência a candidatos indicados por outros sócios.

Mas há uma coisa que você pode fazer: seja o aluno mais destacado de sua turma. Apresente os melhores trabalhos, colabore com seus professores e se aproxime deles. Professores de Direito quase sempre podem fazer indicações, mas são muito seletivos. Ou seja, só vão indicar aqueles alunos que realmente os impressionaram durante o curso. Muitos alunos, infelizmente, só descobrem isso depois de formados. Você ainda tem o tempo a seu favor. Essa dica vale para qualquer aluno de qualquer curso: é importante aproveitar a faculdade para fazer contatos duradouros com professores. Pessoalmente, não fiz isso. Matei aulas à vontade. E depois passei alguns anos me arrependendo por ter desperdiçado uma oportunidade que estava a meu alcance.

Sou gerente em uma grande empresa. Um de meus colegas, gerente sênior com 16 anos de casa, foi inesperadamente demitido. Fiquei pensando se o mesmo poderia acontecer comigo, mas não encontrei motivos para me preocupar. Estou sendo otimista? [Glauco]

Está. Profissionais estáveis podem perder o emprego de repente, por motivos que nada têm a ver com o desempenho. A consultoria Lens & Minarelli publicou uma pesquisa com 200 executivos que foram demitidos em 2005. Veja alguns números e note como esses executivos também estavam otimistas. Os demitidos tinham, em média, dez anos de empresa; 41% deles foram demitidos pela primeira vez na vida; 68% não esperavam ser demitidos; 83% consideraram a demissão injusta; 43% ficaram chocados. Pior:

62% deles não tinham feito nenhum tipo de planejamento para enfrentar a nova situação. Nos últimos 30 anos, o mercado de trabalho passou da estabilidade para a volatilidade. Isso não significa que a maioria dos executivos será demitida nos próximos cinco anos. Mas significa que 20%, pelo menos, correm esse risco. A questão é que praticamente 100% dos executivos acreditam que estão no confortável bloco dos 80%. Por isso, não se preocupam com o pior. Tive um sábio chefe que dizia: "Se você se preparar para ser demitido, você dificilmente será. E, mesmo que seja, já estava preparado".

O que vale mais no mercado de trabalho, a prática ou a teoria? [Maurício]

Para conseguir emprego, a teoria. Para se manter nele, a prática. Essa é a regra geral. Muitas empresas, porém, pedem "experiência anterior" – ou seja, prática – quando contratam estagiários. Por quê? Porque os candidatos são muitos, e todos têm respeitável currículo acadêmico – a teoria. Aqueles poucos que começaram a trabalhar mais cedo se diferenciam. No outro extremo, estão os profissionais entre 40 e 60 anos, que entraram no mercado de trabalho em uma época em que a prática era fundamental, e a teoria – diploma de curso superior – era luxo. Mas essa discussão de teoria versus prática vem se tornando estéril. Porque elas não são inimigas. São aliadas. No atual mercado de trabalho, teoria e prática valem 10 quando caminham sozinhas. E valem 100 quando andam juntas.

Estou desempregado há sete meses. No mês passado, coloquei meu currículo em alguns sites de emprego da internet. Para minha surpresa, já no dia seguinte uma agência de recolocação me ligou. Segundo essa agência, um de seus clientes estava procurando um profissional "exatamente com meu perfil". Paguei taxa de inscrição e fiz duas entrevistas durante um café-da-manhã em um hotel cinco-estrelas. Os diretores que me entrevistaram garantiram que eu estava praticamente contratado. Só que, depois disso, não consegui mais entrar em contato com a agência. Estou desconfiado de que caí numa armadilha. [Motta]

Caiu mesmo. Infelizmente, você foi vítima do "golpe do emprego". A cidade de São Paulo é pródiga em agências desse tipo, mas elas estão se espalhando pelo Brasil inteiro. O problema, para quem foi engambelado, é que o procedimento é imoral, mas não há como provar que tenha sido ilegal. Funciona assim: essas agências pesquisam os sites de empregos. E, por meio dos currículos, escolhem profissionais que tenham ocupado boas funções anteriores – o que significa que devem ter algum dinheiro guardado. Aí, fazem o contato com a vítima. Nesse contato, o emprego é sempre mencionado como se já fosse realidade. A vítima é, então, convidada a pagar uma "taxa", que varia entre R$ 1 mil e R$ 5 mil. Duas ou três entrevistas são agendadas com "diretores" – que, na verdade, são picaretas que fazem parte do esquema. E aí a agência muda o número do telefone, algo simples hoje em dia, e a vítima não consegue mais encontrar os espertinhos. Lamento, mas até mesmo o lauto café-da-manhã no hotel cinco-estrelas foi pago com seu dinheiro. E por que tudo isso não é ilegal? Porque a vítima assina um contrato de "assessoria" ou "consultoria". Nesse contrato, não existe a garantia do novo emprego. Como regra, se uma agência pedir dinheiro antecipado, há 99% de chance de que isso seja um golpe.

Depois de oito anos na empresa, fui inesperadamente dispensado. [Carlos Eugênio]

Nos tempos atuais, ninguém mais é dispensado inesperadamente. Nos últimos 15 anos, a imprensa vem freqüentemente relatando casos de profissionais que foram dormir sossegados e satisfeitos e acordaram sem emprego. Na maioria dos casos, esses profissionais eram bem avaliados pelos superiores, não tinham problemas de relacionamento e nenhum deles cometeu nenhum ato condenável. Apenas, e simplesmente, a empresa decidiu que a hora havia chegado. Os motivos para despedir alguém que não está fazendo mal a ninguém variam, mas estes são os mais comuns:

1. Redução de custos.
2. Associações entre empresas – incluindo fusões, ou a venda pura e simples.
3. Resultados de curto prazo "dentro da média", mas nunca acima dos objetivos.
4. Pouca perspectiva de crescimento futuro dentro da organização.

No último caso, na ótica das empresas, é melhor contratar alguém que possa ir adiante que manter alguém que não sairá do lugar. Os "despedidos inesperadamente" são sempre aqueles que não souberam decifrar os sinais que a própria empresa vinha dando, como dispensas anteriores de colegas na mesma situação. O mais recomendável é estar preparado para perder o emprego. Ter sempre uma alternativa em vista. Nunca perder o contato com profissionais de outras empresas. Pode parecer contraditório, mas quem se prepara para perder o emprego dificilmente o perde.

Após oito meses desempregado, consegui vaga graças aos esforços de um amigo, que me indicou para a empresa em que trabalha. Agora, quatro meses depois, outra empresa me fez uma proposta muito melhor. Quando falei sobre isso com meu amigo, ele caiu das pernas e me disse que ficaria muito mal perante seus chefes se eu pedisse a conta. O que faço? [Moacir]

Ou você perde a oportunidade, ou perde o amigo. Se você analisou racionalmente a proposta recebida e concluiu que realmente é melhor para sua carreira, a lógica diz que você deve aceitar. Boas oportunidades são raras e devem ser aproveitadas. Acredito que seu amigo, com o tempo, entenderá sua decisão. Mas, no curto prazo, a amizade vai esfriar. Por isso, só saia com a certeza absoluta de que a proposta lhe dará não apenas mais dinheiro, mas também estabilidade no médio prazo. Porque, se você ficar novamente desempregado, terá um amigo a menos para indicá-lo.

Ser funcionário público é boa opção de carreira?
[Mariângela]

Sem dúvida. E fica melhor a cada dia. Houve uma época no Brasil em que uma vaga no serviço público era tudo o que alguém queria da vida profissional: salário bom, estabilidade garantida e aposentadoria com vencimentos integrais. Não bastasse isso, ainda havia o status. Um jovem que conseguisse passar no concorrido concurso do Banco do Brasil já se tornava o solteiro mais cobiçado do quarteirão. Mas, nos últimos 30 anos, o sonho dos jovens universitários mudou de rumo. Passaram a preferir a grande empresa privada. Em revistas de negócios, raramente aparece uma reportagem mostrando oportunidades de carreira no serviço público. Que continua pagando salários decentes e oferecendo estabilidade, coisas que grandes empresas não oferecem mais. E as vagas são muitas. Para descobri-las, basta entrar no Google e digitar "concurso público". Boa parte dessas vagas nem exige curso superior, ao contrário do que acontece em processos de seleção de empresas famosas, nas quais parece que até faxineiro precisa ter pós-graduação.

Tenho 21 anos. Estudo muito, sou esforçada e tenho ambições profissionais. Mas não consigo entender por que é tão difícil conseguir um emprego decente. [Celina]

Não que a explicação vá resolver sua situação, nem a de milhões de jovens brasileiros que vivem o mesmo drama que você. Mas a questão é de economia. Tem a ver com o PIB, Produto Interno Bruto, ou o valor de tudo o que um país produz. No período entre 1994 e 2005, o PIB mundial cresceu 4,3% ao ano. O PIB dos países emergentes cresceu 6,5%. E o PIB do Brasil cresceu 2,5%. Isso significa que ficamos na rabeira do crescimento mundial e não conseguimos gerar empregos suficientes para absorver os jovens que se formaram nos últimos 11 anos. Hoje, existe um emprego decente para cada dez jovens decentes que estão procurando emprego. Para que a situação pudesse se equilibrar, o Brasil teria de crescer a taxas consistentes de 5% ao ano, durante cinco anos, no mínimo. É por isso que a informalidade vem crescendo e que o número de prestadores de serviços autônomos aumenta a cada ano. E que jovens com 21 anos, que já passaram 15 mil horas em escolas, sentem-se aliviados ao conseguir um emprego de R$ 700 por mês. O futuro de milhões de jovens brasileiros não está em trabalhar para os outros, está em trabalhar para si mesmos. Não como alternativa, mas por falta de alternativas.

Trabalhei 24 anos em uma empresa – a única, em minha carreira. Fui "saído" faz sete meses, depois de uma reestruturação. Não sei o que dizer aos entrevistadores, porque nunca participei de entrevistas. Não sei o que responder, não sei o que explicar, não sei como me vender. [Jardel]

Aqui vão algumas dicas. Antes da entrevista, tente obter informações sobre a empresa. Oriente suas respostas para mostrar como seu conhecimento será valioso para as necessidades daquela empresa. Mencione fatos e números sobre ela – você os encontra no site da própria empresa. Durante a entrevista:

1. Não seja negativo nem critique ninguém. O que passou, passou. Diga que você entende o motivo da reestruturação, embora tenha sido vítima dela.
2. Não se perca em explicações desnecessárias. Dê apenas informações concretas – os melhores resultados numéricos que você conseguiu, os programas que ajudou a implantar.
3. Responda exatamente àquilo que o entrevistador perguntar. Por exemplo: "Quais são seus pontos fortes?" Responda em duas palavras: estabilidade e fidelidade.
4. Não dê respostas longas. Quanto mais você falar, maior será sua chance de se enrolar. Um ou dois minutos por resposta é tempo suficiente.
5. Você deve estar convencido de que ninguém o contratará por favor ou piedade, mas porque você tem experiência valiosa e útil.

Aos 21 anos, estou terminando a faculdade e vou entrar no mercado de trabalho. O que é melhor, batalhar emprego em uma empresa privada ou tentar concurso público? [Daniele]

Se você fizer uma análise racional, o serviço público ganha disparado. Sistematicamente, vem aumentando o quadro de funcionários, enquanto o número de bons empregos privados está –

na melhor das hipóteses – estacionário. O serviço público garante estabilidade, enquanto nas empresas privadas, há tempos, as demissões viraram rotina. O que o serviço público não oferece é a chance de subir rapidamente na carreira e ter um salário que vai matar os vizinhos de inveja – e é por isso que tanta gente quer trabalhar em empresas privadas. Só que aí é preciso substituir a racionalidade por fatores como ambição e autoconfiança. De cada cem pessoas, só uma atingirá nível gerencial. Porém, de cada cem pessoas que estão entrando no mercado, provavelmente 90 acreditam que têm potencial para atingi-lo. Sua decisão depende do risco que você está disposta a correr e de sua capacidade para lidar com eventuais frustrações.

Recebi excelente proposta de trabalho de um concorrente. Só que ele quer que eu leve a base de dados de clientes de minha empresa. Não sei o que fazer. Não quero perder a oportunidade, mas também não quero prejudicar ninguém. [Karla]

O que o concorrente está fazendo não é ético. Está pedindo para você roubar dados que não lhe pertencem, e estão temporariamente sob sua guarda por delegação e confiança de sua atual empresa. Você pode ser criminalmente processada se fizer isso. E você não sabe se a "excelente proposta" é para contratar você ou para conseguir a base de dados. Se for a segunda hipótese – e chutaria que é –, você seria demitida depois de alguns meses.

Já ocupei vários cargos de gerência, mas estou desempregado há oito meses. Seria oportuno contratar um serviço de outplacement? [Marcelo]

Não, a não ser que você tenha muito dinheiro sobrando. Outplacement é um serviço para pessoas jurídicas – empresas que precisam demitir funcionários que teriam preferido manter em seus quadros. Uma consultoria de outplacement provê assistência profissional e psicológica aos demitidos. A parte profissional consiste em ajudar na preparação e no envio do currículo e no treinamento para entrevistas. E o acompanhamento psicológico serve para diminuir aquele trauma pós-demissão. Durante um tempo predeterminado – até seis meses –, o demitido recebe sala temporária, com telefone e internet, para que possa manter seus horários e fazer contatos, eliminando a sensação de solidão e de abandono. Esse serviço custa uma nota preta para a empresa, mas não dá garantia de novo emprego para o demitido. Para uma pessoa física, seria alto investimento com baixa chance de retorno.

Tenho 21 anos. Meu pai não consegue entender por que não consigo arrumar emprego. Às vezes, diz que não estou me esforçando, o que não é verdade. [Thiago]

Existem cerca de 7 milhões de pessoas desempregadas no Brasil. Metade são jovens entre 18 e 25 anos de idade. A razão é a seguinte: o número absoluto de vagas para jovens é o mesmo que existia há 25 anos. Só que, nesse período, o número de jovens aumentou 40%. Pode-se dizer que, hoje, no Brasil, há bom emprego para cada três jovens. Logo, se o Thiago conseguir bom emprego, dois outros Thiagos não conseguirão. Essa equação será ainda mais perversa daqui a 25 anos, quando o filho do Thiago entrar no mercado de trabalho. O número de jovens continuará a aumentar, e os empregos na iniciativa privada continuarão a diminuir – por produtividade, por automação e por fusões de empresas. Há duas opções melhores que o emprego à moda antiga: uma é o serviço público. Ao contrário da iniciativa privada – o alvo preferencial dos jovens à procura do primeiro emprego –, o serviço público aumenta seus quadros, paga salários atrativos e oferece estabilidade. Só não proporciona oportunidades para uma carreira rápida. A outra opção é o negócio próprio. Para quem quer ter sucesso na vida profissional – e quem não quer? –, é bom lembrar que a chance de ficar rico trabalhando para si mesmo é cem vezes maior que a de ficar rico trabalhando para os outros.

Sou portadora de deficiência e não consigo emprego. [Arlete]

Desde julho de 1991 existe uma lei que estabelece cotas nas empresas privadas para pessoas portadoras de deficiência. A tabela progressiva vai de 2% (para empresas entre cem e 200 empregados) até 5% (para empresas com mais de mil empregados). É importante notar que essa lei contempla uma razoável lista de deficiências. Algumas delas são evidentes, outras não. Por isso, nas empresas que cumprem a lei, boa parte das pessoas portadoras de deficiência nem sequer é percebida pelo público. A má notícia é que, atualmente, não mais que 20% das empresas brasileiras estão cumprindo o que a lei determina. A fiscalização é de responsabilidade do Ministério do Trabalho, mas só bem recentemente essa fiscalização começou a ser um pouco mais efetiva. Outro fator importante: o mercado de trabalho para os portadores de deficiência funciona exatamente como o mercado de trabalho em geral. Na hora de preencher uma vaga, a pessoa portadora de deficiência que tenha curso superior terá mais chances de ser contratada. E o networking também pesa bastante. A maioria das contratações tem sido feita por meio de indicações de associações ou de amigos e parentes que já trabalham na empresa.

Quem se dá melhor em um mundo sem emprego? Os homens ou as mulheres? [Letícia]

As mulheres, genericamente falando, têm algumas características que se tornaram essenciais, nas últimas duas décadas, no mercado de trabalho. Uma delas é a capacidade de tomar decisões com base na intuição. O homem tende a ser mais racional, mais analítico, e quer ter dados concretos. Outra característica feminina é a atenção aos detalhes. Homens enxergam a floresta, mulheres enxergam os ninhos de passarinhos nos galhos das árvores. Um exemplo disso é que as mulheres não se produzem para os homens, mas para as outras mulheres. Um homem que passa oito horas trabalhando perto de uma mulher vai conseguir, no fim do dia, listar o básico: a cor do vestido e um ou outro detalhe. Quando duas mulheres apenas se cruzam, cada uma consegue fazer uma descrição da outra, que vai das unhas do pé ao estilo do penteado. Finalmente, no mundo corporativo em que é preciso decidir rapidamente, as mulheres levam vantagem, porque homens tendem a ser mais gregários e a dividir mais as responsabilidades. Quem inventou a reunião de trabalho, com certeza, foi o homem. Basta colocar meia dúzia de mulheres em uma sala de reuniões para perceber isso. Em meia hora, a reunião já acabou. A única barreira que uma mulher altamente competitiva ainda não aprendeu a superar é o confronto com outra mulher altamente competitiva.

Tenho 51 anos e fui demitido há oito meses. Já me cadastrei em todos os sites de emprego, mas não recebi um único contato até agora. Minha idade já me excluiu do mercado de trabalho? [Guilherme]

O cadastramento em sites dá retorno baixíssimo. Pior ainda, muitos golpistas acessam esses sites e ligam oferecendo emprego "praticamente certo": mediante o pagamento antecipado de uma taxa. Portanto, cuidado, porque você é alvo perfeito para esses golpes. Diria que você só vai conseguir emprego por indicação direta. Reative seu círculo de relacionamentos. Aos 51 anos, você já conheceu milhares de profissionais. A maioria vai ignorar seu contato, mas um par deles poderá ajudá-lo. Para chegar a esses poucos, você terá de passar por todos. Será um exercício de paciência, mas essa é sua melhor opção. Possivelmente, a única.

Os especialistas dizem que no futuro vai faltar emprego, mas vai sobrar trabalho. Isso significa que seremos um bando de desempregados com um monte de coisas para fazer? [Stefânia]

As empresas estão tentando se livrar de um fardo chamado "carga tributária sobre a folha de pagamento". Isso pesa no mundo inteiro, mas no Brasil pesa muito mais. Aqui, existe uma situação paradoxal. O empregado ganha pouco, mas custa muito. Para cada R$ 100 pagos em salários, a empresa gasta outros R$ 60 em impostos, contribuições e benefícios. E o empregado, dos R$ 100 que recebe, fica com R$ 70. Daí a necessidade da terceirização e da contratação de prestadores de serviços autônomos, que não têm férias, nem 13º., nem Fundo de Garantia, e que recolhem os próprios impostos, como o INSS. O trabalho que precisava ser feito continua a existir, e será contratado. Mas a custo variável, e não mais a custo fixo.

Alguns estudiosos dizem que o fenômeno correto não é o fim do emprego, mas a migração dos empregos – para países periféricos, para o Leste Europeu, para as mulheres. [Ana Maria]

O mundo evolui de forma desigual. No mesmo instante em que Neil Armstrong caminhou na Lua, em 1969, havia na Austrália uma tribo que só sabia contar até três. O mundo era o mesmo, mas a defasagem tecnológica era de 10 mil anos. O mesmo ocorre com o mercado de trabalho. Ainda há bolsões pouco desenvolvidos no planeta, nos quais um emprego é muito bem-vindo, mesmo que o salário seja uma miséria. A evolução, porém, é contínua. O emprego de carteira assinada vai migrar dos países desenvolvidos para os países pobres, até que os países pobres se desenvolvam e comecem a adotar os mesmos procedimentos dos países desenvolvidos. Não é mais uma questão de "se", é uma questão de "quando".

Um mundo sem empregos é mais igualitário? Ou a sociedade fica ainda mais dividida, entre os que têm e os que não têm? [Fernão]

Talvez o mundo fique mais civilizado, mas não ficará igualitário. Mesmo em países em que há mais equilíbrio social, como os da Escandinávia, as diferenças ainda persistem. Mas o modelo que deverá imperar nas próximas décadas ainda é o modelo americano: o da competitividade meio darwiniana. É nessa direção que o Brasil caminha. Poucos países do mundo adotam com tamanha naturalidade, como estamos fazendo, o padrão americano de administrar empresas. Mesmo as nacionais usam termos e jargões americanos, como se fizessem parte de nosso idioma. Lojas em que balconistas mal arranham o inglês anunciam liquidações com placas de sale e off. Qualquer pizzaria de bairro, com três funcionários, possui um serviço de delivery. Para muita gente, isso é flagrante desrespeito a nosso idioma. Para o mercado de trabalho, é inserção cultural não-forçada. E positiva. É por isso que executivo brasileiro se sente tão à vontade nos Estados Unidos.

Quais serão as profissões do futuro? [Avelar]

Creio que você se refere a um futuro próximo, cinco ou seis anos, por aí. Então, vamos começar olhando para trás. Encontrei uma pesquisa sobre "profissões do futuro" feita em 2000. Uma profissão muito recomendada era turismo. Porque o futuro do mundo era viajar, passear e se descontrair. Menos de dois anos depois, um ato terrorista botou abaixo o World Trade Center. Imediatamente, turismo deixou de ser o grande negócio que parecia ser. A mesma pesquisa falava na criação de sites para a internet. Criar site rendia, então, perto de R$ 3 mil. E o mercado parecia infinito. Hoje, o mesmo trabalho vale R$ 150. Diria que há duas profissões que parecem ter futuro – no sentido de que empregarão mais gente. Uma é comércio exterior. A tendência é que os portos se abram, e o Brasil exporte mais e importe mais. A outra é Sistemas, ou Tecnologia da Informação, ou TI. As empresas vão se automatizar cada vez mais e implantarão sistemas para tudo: desde o controle total da operação até de relacionamento direto com clientes. Tirando essas duas profissões, as demais ou estão saturadas, ou são escolhas que implicam risco ou otimismo.

Sonhar...

▪▪▪ em trabalhar em uma empresa que pratica salários acima aos pagos pelo mercado, que tem chefes que reconhecem a capacidade criativa, e onde vigora ambiente harmônico é isso: utopia. Empresas perfeitas não existem. Mas existem as menos imperfeitas, essas sim boas para trabalhar.

Meu noivo e eu trabalhamos na mesma empresa faz cinco anos. Queremos casar, mas há um sério empecilho: não é permitido que parentes trabalhem juntos. Gostamos da empresa, mas um de nós teria de pedir a conta. O que você faria? [Stephany]

Casaria, sem dúvida nenhuma. É possível ponderar entre a razão e a emoção, mas não entre a razão e a paixão. Se vocês se casarem, uma vez ou outra vão lamentar essa decisão. Mas, se vocês não se casarem, vão se lamentar todos os dias. A única coisa que está errada em sua mensagem é a frase: "Um de nós teria de pedir a conta". Não há nenhum artigo, na Consolidação das Leis do Trabalho, que dê a uma empresa o direito de não empregar parentes. A empresa pode até demitir você ou seu marido, mas não por esse motivo. Um bom advogado trabalhista faria uma festa com um processo desses. Portanto, casem, sejam felizes e fiquem aguardando. Talvez a empresa demita mesmo um de vocês, ou ambos. Mas sem justa causa. E aí, com o FGTS, as férias, o 13º. e a indenização, vocês compram mais móveis e vão curtir nova lua-de-mel. Não esquente a cabeça. Empregos não andam fáceis, mas é ainda mais difícil encontrar um bom marido que um bom emprego.

O que é uma boa empresa para trabalhar? A que paga bons salários? [Ailton]

Não necessariamente, embora esse seja sempre o primeiro fator que nós, os seres humanos normais, avaliamos. Mas existem outros dois fatores igualmente importantes. Um deles é o ambiente de trabalho. E o outro – e mais importante dos três – é a quantidade de oportunidades que a empresa proporciona. Uma boa maneira de saber o que pode lhe acontecer no futuro, na empresa em que você trabalha, é dar uma olhadinha para trás. Quantos funcionários foram promovidos nos últimos três anos? Em uma boa empresa, 5% dos funcionários são promovidos a cada ano. E quantos funcionários receberam aumentos acima da inflação ou acima do índice negociado com o sindicato? Em uma boa empresa, esse número está entre 10% e 15% – sem incluir os 5% que foram promovidos. Esses indicadores mostram o que poderá lhe acontecer nos próximos três anos. Não por acaso, empresas que baseiam o reconhecimento no mérito tendem a ser mais produtivas e mais lucrativas. E, por isso, geram mais oportunidades. Pagam melhor. Mas, não necessariamente, têm o melhor ambiente de trabalho. Por ser como são, têm competição interna muito acirrada. Um querendo mostrar mais serviço que o outro, e só se dispondo a ajudar o outro quando puder se beneficiar com a ajuda. Esse sistema, justo, mas um tanto quanto impessoal, tem o nome de meritocracia – reconhecimento dos melhores. Em resumo, a empresa perfeita para trabalhar é aquela que junta ótimo ambiente, salários acima da média e excelentes oportunidades. Só que empresas perfeitas não existem. Existem, apenas, empresas que são menos imperfeitas que outras.

Recebi um convite irrecusável e troquei uma empresa muito organizada por uma caótica. Em apenas dois meses,

percebi que posso ajudar muito a melhorar processos e diminuir a burocracia. Como fazer isso sem ofender ninguém? [Adelino]

Antes de tudo, sugiro que você sossegue a periquita. O estilo de sua carta mostra que você é curioso, tem espírito de empreendedor e destila adrenalina pelos poros. Porém, pare por um instante. E respire fundo. Agora, pense. Em sua contratação, alguém mencionou que sua colaboração para tornar a empresa menos caótica seria recomendável? Ou mesmo bem-vinda? Se ninguém mencionou, o motivo é simples: o pessoal aí não vê as mesmas coisas que você está enxergando. O que você tem é algo chamado "referência". Você pode fazer comparações porque viveu uma situação diferente. Mas dizer tudo isso, assim, sem anestesia, vai gerar reação contrária à que você imagina. Antes de propor qualquer mudança, você precisa ser aceito. E conseguirá isso elogiando tudo o que vê. Inclusive o que, em sua opinião, possa estar errado. Enquanto isso, vá anotando as coisas que podem ser melhoradas. E refine bem suas idéias, dando a elas suporte numérico, e não apenas opinativo. Um dia, em breve, a oportunidade de fazer uma sugestão vai surgir. Aí, tome cuidado de não mencionar sua ex-empresa. O que você sugerir, seja lá o que for, aprendeu na empresa atual. Que, acima de tudo, é excelente empresa. Porque, se não fosse, não lhe teria feito um convite irrecusável. Depois de ter sua primeira sugestão aceita, sem criar antagonismos, o resto será fácil. Porque então todos já terão a impressão de que você se adaptou à empresa. Hoje, você daria a impressão de estar tentando adaptar a empresa a você.

O que é perfil profissional? Como posso saber se meu perfil é adequado a uma empresa? [Cibelle]

"O perfil" é mais ou menos como o famoso sabor "tutti frutti". Todo mundo já ouviu falar, mas ninguém sabe exatamente o que entra em sua composição. Com a diferença de que, no mundo corporativo, "o perfil" varia de sabor de uma empresa para outra. Há as que só mencionam o perfil na hora de dispensar um funcionário, por falta de explicação convincente – "Seu perfil não se encaixou em nosso sistema". Outras tentam sistematizar o perfil, estabelecendo parâmetros. Em uma empresa, o perfil desejado pode ser o da individualidade e da agressividade. Em outra, o do trabalho em equipe. Em algumas empresas, o perfil inclui formação acadêmica exemplar. Em outras, o que vale é a experiência. Há, claro, o "perfil genérico desejável". Inclui boa escolaridade, resistência para trabalhar sob pressão, mobilidade em caso de transferência, talento técnico, criatividade, liderança, resiliência, maleabilidade. Ou seja, tanta coisa que, se as empresas que pedem tudo isso realmente levassem a coisa a sério, teriam de dispensar 80% de seus funcionários.

Por que as empresas se tornaram lugares tão chatos para trabalhar? [Jorge]

Porque ninguém mais entra em uma empresa pensando em passar o resto da vida nela. E, quanto maior for a rotatividade, mais superficial será o relacionamento. Então, o que importa é o resultado de curto prazo. Evidentemente, as empresas gastam fortunas em programas de relacionamento interno, buscando dar aspecto menos asséptico a seus ambientes de trabalho. Isso é louvável. Mas aquela coisa de "nossa empresa é uma grande família" já deixou de existir. Nem as empresas familiares acreditam mais nisso.

Trabalho em uma empresa em que existem panelinhas. Quero ser séria e profissional. Mas sinto que, se não me envolver, acabarei sendo envolvida. E de maneira negativa. Como devo proceder? [Rose]

Para você se sentir melhor, toda empresa tem panelinhas. Sem exceção. Naquelas em que existe autoridade, prevalece a autoridade. Naquelas em que não existe autoridade, prevalecem as panelinhas. A origem das panelinhas foram os acampamentos coletivos de trabalhadores, no século XIX. Na hora das refeições, o rango era preparado em um enorme caldeirão. Os que não gostavam dos ingredientes, ou do tempero, ou dos cozinheiros, separavam-se do grupo e cozinhavam a própria comida. Usando panelinhas. Enquanto comiam, isolados dos demais, ficavam comentando que a comida geral era muito ruim. Aí, um segundo grupo também decidiu levar sua panelinha. E esse grupo passou a dizer que sua comida era melhor que a comida da panelinha ao lado. Assim, quanto mais panelinhas, mais opiniões. Quanto mais opiniões, mais desentendimento. Você tem várias escolhas. A primeira é aderir ao caldeirão geral e ser acusada de omissa pelas várias panelinhas. A segunda é integrar-se a uma das panelinhas e arranjar atritos com as outras. A terceira é se isolar, criando sua panelinha individual. Se você fizer isso, certamente fará com o melhor dos propósitos. E esse é o problema das panelinhas. Todas imaginam que têm os melhores propósitos. Você não tem boas opções. Qualquer escolha será imperfeita. Os dirigentes de sua empresa é que precisam mostrar autoridade e colocar o caldeirão acima das panelinhas.

A matriz de nossa empresa está implantando um sistema de governança corporativa. Ninguém nos explicou o que é isso, mas só o nome já está nos deixando assustados. Devemos ficar preocupados com nossos empregos? [Clara]

Muito ao contrário. A governança corporativa tem a ver com a ética na condução dos negócios e com a transparência na apresentação dos resultados. Essa coisa vem ganhando força nos últimos dez anos, principalmente depois de alguns escândalos causados por grandes corporações multinacionais, que fraudaram seus balanços e enganaram seus acionistas. Isso não quer dizer que uma empresa que resolva implantar governança corporativa não tenha sido ética até agora. Significa apenas que resolveu dar a essa ética um formato, que pode ser acompanhado e entendido por quem está olhando de fora. Mas essa percepção – a de que a governança está sendo implantada para consertar alguma coisa que estava errada – é bastante comum entre os leigos. Por isso, as empresas não saem alardeando a implantação pela imprensa. A comunicação é feita apenas para acionistas, clientes e fornecedores. É isso que sua empresa está fazendo. Fique tranqüila.

Por que a gente tem de ficar explicando o óbvio? [Alcione]

Trabalhava em uma empresa que produzia batatinhas fritas. Tínhamos uma liderança enorme e folgada, coisa de 70% do mercado. Um dia, um concorrente escreveu no pacotinho de batata dele: "Não contém colesterol". Uma semana depois, nossos gerentes começaram a ligar, perguntando se também iríamos eliminar o colesterol de nosso produto. Respondi a eles que nossa batata não tinha colesterol. Era óbvio. Batatas são fritas em óleo vegetal, e óleo vegetal não tem colesterol. Só gordura de origem animal tem colesterol. Mas o que era óbvio para mim não era óbvio para o consumidor. As vendas começaram a cair, até que me rendi ao óbvio. Pedi para escrever bem grande no pacotinho: "Totalmente sem colesterol". As vendas voltaram ao normal. Houve até consumidor que escreveu elogiando o "novo sabor" da batatinha. Aprendi que, nas empresas, boa parte dos mal-entendidos ocorre porque a gente esquece de repetir o óbvio.

O que é necessário para existir bom humor no ambiente de trabalho? [Ângela Maia]

Reciprocidade. Imagine uma cena comum em grandes cidades: trânsito pesado na hora de ir trabalhar. Aí, o sinal fecha. O motorista do carro ao lado olha para você e abre enorme sorriso. O que você faz? A maioria das pessoas imediatamente desvia o olhar, fecha o vidro e agarra o volante, esperando o sinal abrir. É irônico, mas muita gente sai de casa para o trabalho preparada para um possível assalto. Mas não para um possível sorriso. A mesma coisa acontece em muitas empresas. Elas vêem o bom humor com desconfiança. Tanto que, em entrevistas de emprego, nenhum entrevistador pede para o candidato: "Descreva uma situação que você resolveu usando o bom humor". Já vi várias pesquisas mostrando que as empresas que incentivam o bom humor são mais produtivas. E aí vem a grande pergunta. Esses funcionários conseguem melhores resultados porque são bem-humorados ou são bem-humorados porque os resultados são bons? É a mesma história do ovo e da galinha. Mas empresas inteligentes sabem que galinhas bem-humoradas botam mais ovos. E com menos esforço. Para o bom humor existir, só pode vir do alto. Da atitude dos chefes. E não de campanhas internas, do tipo "somos uma empresa feliz".

Atuo em RH. Pagamos a nossos colaboradores salários que estão na média do mercado. Em nossa última pesquisa de clima interno, não foi detectada nenhuma grande queixa coletiva. Entretanto, nossa rotatividade é altíssima. Será que estou deixando de enxergar alguma coisa óbvia? [Ernesto]

Você pode atacar o problema por duas frentes. A primeira é a pesquisa. Mesmo sem conhecê-la, chutaria que ela segue o padrão: a. satisfeito; b. neutro; c. insatisfeito. De modo geral, nós, brasileiros, somos gentis quando respondemos pesquisas. Tendemos a escolher o meio-termo. Empregados só respondem que estão insatisfeitos quando estão profundamente decepcionados. Se estão levemente insatisfeitos – mas o suficiente para mudar de emprego –, preferem marcar a alternativa neutra. E a pesquisa acaba revelando que "o índice de insatisfação geral é de 8%". Isso deixa a administração não apenas feliz, mas também confortada, porque o número reflete o que a própria administração pensa. A segunda frente é a entrevista de saída. Normalmente, começa com a afirmação de que alguém pediu a conta por "melhor oportunidade" e termina com a frase "nada a reclamar". Minha sugestão: contrate um especialista para fazer uma pesquisa qualitativa. E uma psicóloga, que saiba extrair respostas sinceras, para conduzir as entrevistas de saída.

Em minha empresa, "decidir" parece verbo abstrato. Os que podem decidir só ficam enrolando. E os que não podem – incluindo eu – vivem dando sugestões que nunca são aceitas. É assim em todo lugar ou é só aqui? [Celso Mota]

Decisão implica responsabilidade direta pelo resultado. É por isso que quem não pode decidir gosta de dar palpites. A decisão, mesmo, terá de ser tomada por outra pessoa, que arcará com as conseqüências. Como decisões erradas podem custar muito caro, existe nas empresas algo chamado de "processo decisório". Em teoria, significa que uma questão deve ser cuidadosamente avaliada por todos os ângulos possíveis: o financeiro, o estratégico, o humano, e por aí vai. Depois que todos os dados forem reunidos, será possível chegar à decisão mais justa, mais racional e mais sensata. Mas isso é em teoria. Na vida prática, as decisões são tomadas por seres humanos. E seres humanos padecem de pequenos males, como insegurança ou receio de errar e se prejudicar. Por isso, o verdadeiro processo decisório tem três regras: 1. aguardar; 2. aguardar mais um pouco; 3. quando não der mais para procrastinar, tomar a decisão que será mais fácil de explicar depois.

Trabalho em uma multinacional que está implantando um programa contra a obesidade. Isso é moda ou é sério? [Celina]

Tão sério quanto foi a campanha contra o fumo na década de 1990. Que a nicotina era nociva à saúde, todo mundo já sabia desde 1950. Mas a cruzada contra o fumo só pegou, de fato, no momento em que as empresas americanas se engajaram nela. Passaram a proibir o fumo nos escritórios e a deixar de contratar fumantes. Aí, muita gente decidiu parar de fumar. Não porque o cigarro era prejudicial à saúde, mas porque era prejudicial à carreira. No Brasil, as áreas de RH aderiram à guerra ao tabaco. E venceram. Há três anos, começou a ganhar força nos Estados Unidos campanha semelhante, agora contra a obesidade. Todo mundo sempre soube que excesso de peso é ruim para a saúde. Só que agora Tio Sam decidiu que vai ser para valer. No Brasil, algumas empresas já estão falando que dietas e programas de fitness são bons para a carreira. A diferença é que, no caso do cigarro, até dava para esconder o vício. Já os simpáticos gordinhos corporativos terão mais dificuldade para explicar que, no íntimo, são magros.

O ambiente de trabalho em minha empresa é venenoso. Existe solução para isso? [Daniel]

Sim, e ela é bíblica: separar o joio do trigo. Certamente, em sua empresa, existe uma pequena minoria de pessoas envenenando o ambiente. São o joio. O joio era uma erva daninha que crescia no meio das plantações de trigo. Era uma plantinha aqui, outra ali. Em proporção, era insignificante. Mas o joio era altamente tóxico. Se fosse moído junto com o trigo, toda a farinha ficaria envenenada. A boa notícia, para os consumidores de farinha de trigo, é que o joio não existe mais. Foi erradicado há séculos. A má notícia é que, em muitas empresas, o funcionário-joio ainda existe. Sozinho, é capaz de contaminar o ambiente. Para existir, o funcionário-joio precisa encontrar terreno fértil para suas intrigas. Nas empresas com bom ambiente, ele é imediatamente identificado e arrancado pela raiz. Mas brota com vigor naquelas organizações cujos dirigentes tratam todos os empregados como se fossem farinha do mesmo saco.

Por acaso, li o plano estratégico de cinco anos que minha empresa preparou em 2001. Praticamente nada do que o plano previa para 2006 aconteceu. Para que as empresas fazem planejamentos de longo prazo? [Mara]

Esses planos devem ser encarados como uma viagem de automóvel de Porto Alegre a Santarém. Com base em tudo o que o motorista sabe, ele faz uma estimativa de gastos e tenta antecipar todas as dificuldades que poderá encontrar pelo caminho. Se nada acontecer de anormal, o motorista chegará a Santarém no dia previsto, tendo gasto o que esperava gastar. Em uma empresa, a dificuldade para fazer planejamento estratégico está em prever, com razoável precisão, onde o Brasil estará em 2012. Por exemplo, qual será o crescimento anual do PIB? Qual será a taxa de juros? Haverá inflação? Novos concorrentes entrarão no mercado? A tecnologia vai mudar radicalmente? Quais serão as ameaças externas? Ninguém sabe. Mesmo assim, uma empresa precisa programar investimentos, comprar equipamentos, construir fábricas, abrir filiais. É para isso que o plano estratégico serve. Para indicar o caminho mais provável. Empresas que preparam planos estratégicos acreditam em duas coisas: não há problema sem solução. E não há solução sem problema. Plano estratégico é um guia de boas soluções para cenários conhecidos ou esperados. Já a rotina diária é uma coleção de problemas inesperados. É aí que entra em cena a famosa criatividade do executivo brasileiro para alterar o rumo conforme a situação.

Minha empresa construiu uma sala de meditação. Acho que alguns colegas vão lá só para cochilar. Essa coisa de espiritualismo é moda passageira ou tendência? Ajuda ou atrapalha? [Patrícia Queirós]

É tendência muito bem-vinda. Até pouco tempo atrás, só se usava a palavra "espírito" nas empresas em duas situações: o espírito de equipe e o espírito de porco. Nos últimos anos, a pressão sobre os empregados aumentou muito. As empresas começaram a exigir resultados de curtíssimo prazo. Qualquer falha passou a gerar críticas desproporcionais ao erro cometido. Quando a pressão se torna excessiva, a produtividade, em vez de aumentar, começa a diminuir. Logo, as empresas precisaram encontrar contrapontos para balancear o lado psicológico dos empregados. Um desses contrapontos é a espiritualidade – outros podem ser música ambiente, sala de ginástica ou paredes pintadas com cores que transmitam serenidade. Essa espiritualidade nos negócios não tem nada a ver nem com religião, nem tem liturgias ou rituais. É um momento de reflexão. O empregado pode orar, ou ler, ou pensar na vida, ou mesmo cochilar. Se qualquer desses atos gerar paz interior, e alguma motivação extra, para a empresa o método usado pelo empregado não faz diferença. A espiritualidade pode até não trazer benefícios. Mas não trará nenhum malefício.

O que é melhor, ter bom cargo em uma empresa pequena ou ter função sem muita importância em uma grande organização? [Andréa]

Depende de sua ambição. Para quem prefere a estabilidade, a primeira opção é a melhor. Para quem vislumbra uma carreira progressiva, isso só acontecerá em uma grande empresa. Como você visualiza seu futuro profissional? Como uma estrada plana que conduz a Amaralina, ou como a escadaria da Igreja do Senhor do Bonfim? A resposta que você der a você mesma é a resposta a sua pergunta.

Minha empresa parece andar para trás. Quanto mais trabalhamos, mais os resultados pioram. Mas os diretores vivem repetindo que tudo vai bem. Será que são cegos? [Luciene]

Não, são míopes. Existem mesmo empresas que se autodestroem. É como se trabalhassem para diminuir e não para crescer. Obviamente, qualquer empresa pretende ser a maior, a melhor e a mais eficiente. Só que, na prática, as ações não condizem com as palavras. Existem dez sintomas de que uma empresa possa estar se autodestruindo:

1. Dificuldade muito grande para implantar idéias novas.
2. Muito trabalho que é feito tem de ser refeito, porque no fim se descobre que não era bem aquilo.
3. Documentos são produzidos sem clara finalidade. São memorandos, e-mails, relatórios e cópias de relatórios, que vão para o arquivo, ou para o lixo, sem ninguém ler.
4. Existe grande dificuldade para achar alguém que realmente tome decisão. Um sempre manda falar com o outro.
5. Projetos raramente são implantados na data prevista e não raramente são adiados para data indefinida, mas nunca muito próxima.
6. Subordinados têm dificuldade para conseguir falar com os superiores, que estão sempre muito ocupados e não podem atender naquele momento.
7. Comunicação falha. Funcionários não são informados das coisas, descobrem as coisas.

8. Inconsistência é regra. O mesmo problema é tratado de um jeito hoje e de outro jeito amanhã.

9. Exemplos positivos que ocorrem fora da empresa são citados de modo negativo. Por exemplo, um concorrente lança um produto e a empresa se preocupa mais em achar defeitos que em tentar enxergar suas possíveis qualidades.

10. Clima pesado. Funcionários passam o dia sentindo espécie de desconforto, que ninguém consegue explicar. A explicação é que a empresa está, lentamente, desmanchando-se.

Trabalho no RH de uma empresa que está iniciando suas atividades no Brasil. Como posso criar bom ambiente de trabalho? [Vanessa]

A empresa deve definir o que espera dos funcionários em termos de valores, comportamento pessoal e expectativas. Essa lista deve ser usada no processo de seleção. O contratado não precisa ser o candidato com melhor currículo acadêmico ou com mais experiência anterior. Deve ser alguém capaz de se "encaixar" na cultura que você quer criar na empresa. Isso é vital, porque algumas pessoas podem achar que ambiente de trabalho silencioso é chato. Para outras, esse pode ser o ideal. Há várias definições do que seja bom ambiente de trabalho. A melhor que ouvi veio de um vendedor que estava completando dez anos de casa. Ele me disse: "Quando tinha dez dias de empresa, parecia que já estava nela havia dez anos. E agora, que estou fazendo dez anos, parece que só se passaram dez dias".

O dono da empresa em que trabalho vive me consultando. Como sou supervisor, isso me dá motivação. Mas meu gerente não está gostando dessa linha direta que estabeleci com o dono. Será tão-somente inveja? [Régis]

Não. Será tão-somente respeito à hierarquia. O dono não está vendo em você um potencial gerente. Ele está, apenas, usando você. Muito provavelmente, está usando também outros funcionários com nível igual ao seu. O dono faz isso para tomar conhecimento de coisas que os subordinados diretos não contam para ele – ou ele imagina que não contem. Na quase totalidade de casos desse tipo, a corda sempre arrebenta do lado mais fraco – que é o seu. Explique para o dono que você se sente mal dando informações que seu gerente deveria dar. O dono entenderá, acredite. Imediatamente, vai procurar outro funcionário para obter informações. Talvez, quando isso acontecer, você se sinta meio desprestigiado. Afinal, falava direto com o dono. Mas, ao superar essa fase, perceberá que é muito melhor ser útil que ser usado.

Minha empresa está passando por uma febre de terceirização. Isso é bom? [Laerte]

Para sua empresa, sem dúvida. Terceirizados custam menos que empregados efetivos. Podem ser cortados ou substituídos a qualquer momento. Não geram passivo trabalhista. A terceirização vem crescendo tanto que, daqui a dez anos, os terceiros já serão os primeiros. Empregados contratados com carteira assinada e benefícios serão minoria. Pelo menos, nas empresas privadas. Áreas como segurança, serviços gerais, transporte, manutenção e distribuição estão sendo febrilmente terceirizadas. O Serviço de Atendimento ao Cliente já foi. Hoje, um jovem que está entrando no mercado de trabalho tem mais chances de ser terceirizado que efetivo. Não por questão de desejo ou vocação, mas por questão de estatística.

Minha empresa não oferece nenhum benefício. Só paga aquilo que a lei manda pagar. Vale a pena trabalhar em uma empresa assim? [Guilherme]

Benefícios indiretos – como assistência médica e odontológica e alimentação gratuita ou subsidiada – são uma maneira de atrair bons profissionais. Esses benefícios começaram a surgir em uma época em que ainda havia razoável equilíbrio entre oferta e procura de empregos. Não existia a obsessão por corte de custos que campeia nos dias atuais. Essa situação mudou muito nos últimos dez anos. Hoje, para cada boa vaga, há meia dúzia de ótimos candidatos. E reduzir despesas fixas virou paranóia. Por isso, as empresas que já concediam benefícios tiveram de mantê-los – a lei trabalhista não permite que sejam retirados. Mas as que não concediam perceberam que não precisavam mais deles para atrair gente boa. Uma empresa pode implantar programa de benefícios com o objetivo de melhorar o ambiente de trabalho ou aumentar a motivação dos empregados. Isso, certamente, é louvável. Mas não é mais necessidade.

Estou estressada. Todo mundo aqui também está. Empresas são grandes liquidificadores que transformam gente em suco? [Gabriela]

Não. Mas uma pesquisa da Associação Brasileira de Qualidade de Vida revelou que 82% das pessoas admitem sofrer de estresse no trabalho, em maior ou menor grau. Metade dessas pessoas respondeu que consegue equilibrar a vida pessoal e a profissional. Quer dizer que a outra metade é estressada também em casa. Evidentemente, se 82% dos funcionários de uma empresa fossem de fato estressados, a empresa já teria virado manicômio. O que vocês estão sentindo é ansiedade. O estresse resulta da sensação de total impotência, ou de total incapacidade, para lidar com uma situação, real ou imaginária. A sensação de que nada mais pode ser feito. A ansiedade vem do desejo de que certas situações bem reais sejam resolvidas rapidamente. Ou seja, há muito que fazer, e pode ser feito. Você e seus colegas têm o que se chama de "ansiedade positiva", qualidade que as empresas apreciam muito, porque gera idéias e resultados. Isso pode até virar estresse, mas em casos muito isolados. Portanto, relaxe. Digo, não relaxe.

Minha empresa está se fundindo com outra. O motivo é "buscar sinergias". Será bom para os colaboradores? [Elisa]

Será. Mas só para aqueles que sobreviverem à fusão. Sinergia significa "trabalhar junto". Há séculos, os cientistas perceberam que dois ou três elementos – que tinham pouco ou nenhum efeito isoladamente – produziam resultados incríveis se fossem misturados. Foi o que aconteceu quando os chineses, no século IX, juntaram três elementos inocentes – o enxofre, o salitre e o carvão – e criaram a pólvora. A invenção da pólvora permitiu que um simples canhão pudesse botar abaixo castelos que pareciam inexpugnáveis. É exatamente isso que as empresas modernas querem evitar. Uma empresa que vacila acaba pulverizada por um concorrente. E é por isso que fabricantes de produtos diferentes, mas compatíveis entre si, se unem para criar sinergias. Carros e pneus, por exemplo. Ou duas empresas do mesmo setor optam por uma fusão. Separadas, são fortes. Juntas, tornam-se imbatíveis. O único inconveniente é que, quando duas empresas se fundem, sempre sobra gente. Funções administrativas ficam duplicadas. Duas fábricas viram uma só. E muita gente boa acaba sendo "sinergizada". Em uma fusão, como regra, colaboradores são apenas custo. Os que sobrarem serão ativo precioso.

Será que estou na empresa certa? Tem algo óbvio que caracteriza uma boa empresa para trabalhar? [Lauro]

De fato, a lista de predicados de uma boa empresa para trabalhar é razoavelmente extensa. Deve ter 30 itens. Mas, se você quiser avaliar sua empresa do modo mais simples possível, concentre-se apenas no seguinte: quantos bons funcionários pediram a conta nos últimos 12 meses? Em uma empresa em que realmente vale a pena trabalhar, aqueles que são talentosos ficam, mesmo que a oferta para sair seja bastante razoável.

Trabalho em uma empresa de médio porte. O dono vive dizendo que os funcionários não são pagos para pensar, apenas para fazer o trabalho. Isso é comum ou dei azar? [Sílvio]

É mais comum do que parece. A palavra autocracia significa "o governo de um só". E você trabalha em uma empresa autocrática, cujo dono exerce o poder de mandar. Algumas características de empresas desse tipo:

1. A mera curiosidade de um funcionário já é vista com desconfiança.
2. Qualquer questionamento ao sistema é pecado.
3. Qualquer sugestão de mudança é sacrilégio.
4. Qualquer reclamação, por mínima que seja, é encarada como traição.
5. Os resultados jamais são compartilhados com os funcionários.
6. As medidas punitivas são desproporcionais aos erros cometidos.
7. Funcionários criativos são encarados como ameaça.
8. A fidelidade ao dono tem mais valor que a competência técnica.

Mas não se iluda. Embora estejam na contramão das modernas técnicas de gestão de pessoal, empresas autocráticas podem ser – e normalmente são – lucrativas. Muitos de seus colegas não sentem o desconforto que você sente, porque estão adaptados a esse sistema de obediência irrestrita. Em resumo, você não deu azar. Foi, apenas, mal contratado. Há três opções: ou você se enquadra, ou sai, ou será "saído", porque autocracias são organismos com baixa tolerância à presença de corpos estranhos.

Fui fazer uma entrevista em uma empresa. Perdi tempo na recepção, porque as recepcionistas ficavam conversando sobre assuntos pessoais enquanto a fila de pessoas esperando só aumentava. Depois disso, ainda tive de aguardar, porque a entrevista atrasou mais de uma hora, sem que ninguém me dissesse nada. No fim, não fui contratado. [Fernando]

Sorte sua. A recepção é espécie de resumo de uma empresa. O que você encontra na portaria é exatamente o que terá de agüentar depois, dentro da empresa. Há muitas recepções educadas e eficientes, e por trás delas há empresas em que vale a pena trabalhar. Mas você foi a uma empresa desorganizada, sem preocupação com horários e com pessoas. Ainda bem que você não foi contratado.

Trabalho como terceirizada, prestando serviços para uma grande empresa em período integral. Não somos convidados para nada nem recebemos benefícios. É assim que funciona? O terceirizado é visto pela empresa como empregado de terceira categoria? [Paula Salles]

A origem da terceirização foi a redução de gastos. No curto prazo, o terceirizado custa um pouco menos para a empresa. No longo prazo, custa muito menos, porque o "passivo trabalhista" – todas as coisas que um funcionário contratado pode pleitear em eventual ação e o terceirizado não pode – cai praticamente a zero. Desde o princípio, essa tem sido a visão básica das empresas: a terceirização não deve gerar nenhuma despesa extra. Quando o terceirizado trabalha, fisicamente, fora da empresa, isso não é problema. Mas, nos casos em que terceirizados e contratados convivem oito horas por dia, no mesmo ambiente, a diferença no tratamento gera constrangimentos. Do ponto de vista da empresa, o terceirizado é empregado por uma agência de prestação de serviços, e cabe a essa agência prover todos os benefícios para que o terceirizado fique motivado. Caso contrário, a essência da terceirização – gastar menos – ficaria comprometida. Portanto, não é nada contra você nem contra os terceirizados. Simplesmente, a empresa acha que a agência é que deve lhe explicar tudo isso, enquanto a agência acha que a explicação deve partir da empresa. E ninguém explica.

Equilibrar...

■■■ vida profissional e pessoal remete à cena do equilibrista, aquele sujeito que precisa fazer muita ginástica para manter todos os pratos rodopiando ao mesmo tempo. Depois de 10, 12 horas trancafiado no escritório, você ainda tem de achar tempo, e graça, para gozar a vida.

■

O que é um executivo típico do século XXI? [Robson]

Um polvo. Alguém capaz de digitar um e-mail, falar ao celular, anotar um recado, ler um relatório e tomar um cafezinho. Tudo ao mesmo tempo. O típico executivo deste começo de século tem prazer em não ter tempo para nada. Trabalha 15 horas por dia, não tira férias e vê a família mais por fotografias que ao vivo. Muitos são incapazes de dizer em que série os filhos estão na escola. Mas a principal característica é a relação que essas pessoas têm com algo chamado "qualidade de vida". Exercitam-se regularmente em academias não para viver mais e melhor, mas para conseguir mais energia para trabalhar. Por que esses executivos – de ambos os sexos – são assim? Porque as empresas promovem gente assim. A decisão mais complicada, neste momento de relativamente poucos bons empregos e muita ambição profissional, é estabelecer a linha que divide o tempo para si mesmo do tempo para a empresa. A questão é que esse equilíbrio iria requerer um dia de 30 horas. A opção é de cada um. Viver bem, ganhando mais ou menos, ou viver mais ou menos, ganhando bem.

Nunca ouvi falar tanto em buscar equilíbrio entre vida profissional e vida pessoal. Trabalho 12 horas por dia e levo mais duas horas para ir ao trabalho e voltar para casa. Além disso, sou "convidado" por meu chefe a trabalhar aos sábados. Equilíbrio não é utopia? [Leonardo]

Essa não é uma dúvida nova. Existe há milênios. E a resposta está na Bíblia. Mais exatamente no final do capítulo 3 do Livro do

Eclesiastes. O autor pergunta: “O que uma pessoa obtém na vida com todo o seu esforço?”. E dá a resposta: “Não há nada melhor que ser feliz e gozar a vida, tanto quanto se puder”. Mas não espere que sua empresa lhe ofereça uma solução. Você é que deve encontrá-la. O maior mérito de um profissional é dedicar a uma empresa seu talento, seu conhecimento, seu tempo. O maior pecado é não achar tempo para dedicar a si mesmo.

Dicionário
atualizado de carreira

Administrar. Os administradores e os ministros talvez fiquem surpresos, mas as duas palavras vieram do latim *minus*, menor. Bem antigamente, o ministro era um simples criado. Aquele que executava as tarefas menores na casa de seu senhor. Foi por esse motivo que os padres e os pregadores ganharam o nome de ministros: são humildes servos de Deus. Administrar, no sentido de dirigir, e não mais de obedecer, só ganhou esse significado no século XX. O administrador moderno aprende muitas teorias, mas a base de sua função está na História: para tomar grandes decisões, é preciso antes conhecer os pequenos detalhes.

Agonia. Nos jogos esportivos da Grécia Antiga, que inspiraram as modernas Olimpíadas, a palavra *agon* significava, apenas, competição. A palavrinha resumia em quatro letras tudo o que um atleta precisava ter, além de talento natural, para conseguir a vitória: concentração absoluta, esforço físico descomunal e capacidade de superação. Nas empresas modernas, apenas o esforço físico foi substituído pelo mental. Vencer tinha, e continua tendo, um preço. Com o passar do tempo, a competição desapareceu e ficou só o preço. E agonia acabou virando sinônimo de sofrimento. Mas o sentido original ainda permanece na palavra antagônico: aquele que compete contra nós.

Arrogância. Arrogante, a gente bem sabe, é aquela pessoa que adota no trabalho irritante ar de superioridade. Aquela pessoa que não escuta ninguém, que acha que sabe mais que todo mundo e jamais reconhece seus erros. Mas quem está familiarizado com a linguagem jurídica já deve ter lido a frase: "O juiz arrogou o processo". Esse é o sentido original da palavra: pedir. Veio do latim *rogare*, chamar, e *ar*, para si mesmo. Mas o que os juízes fazem por dever de profissão, o arrogante usa como estratégia profissional. O objetivo dele é chamar, para si mesmo, todos os méritos. E distribuir, para os colegas incautos, todos os fracassos.

Batologia. Nome pomposo para defeito comum em empresas: a repetição exagerada, desnecessária e monótona das mesmas palavras. Exagerada, desnecessária e monótona. Exagerada. Desnecessária. E monótona. A batologia é o vício de quem, por não ter muito que dizer, diz a mesma coisa várias vezes. A palavra veio do nome de um personagem chato, Battos, citado na obra do grego Heródoto, o pai da História.

Benchmark. É uma escala comparativa. Quando uma empresa decide adotar outra empresa como seu benchmark, os números da outra empresa passam a ser padrão de referência. A palavra veio de mark, sinal visível, e bench, ponto fixo de observação. Um termômetro, por exemplo, é um benchmark. Colocado em uma posição fixa (sob as axilas), mede e fornece um resultado real. E o compara com uma escala ideal de temperatura, entre 36 e 37 graus.

Business. Palavra que virou sinônimo universal de negócio. Veio de busy – ocupado, em inglês. Mas seu sentido original (o anglo-saxão bisigian) era estado de preocupação, fadiga, ansiedade e mal-estar. Mil anos depois, a definição continua atualíssima.

CC. A abreviatura CC, no correio eletrônico, não significa Com Cópia ou Com Conhecimento. Significa Carbon Copy, nostálgica lembrança dos tempos em que não existiam fotocópias ou impressoras. As cartas eram datilografadas, e as cópias eram obtidas inserindo-se folhas de papel-carbono entre as páginas. Disse eram? Em muitas empresas e repartições, ainda são. Elas preferem o CC autêntico e original.

Cliente. Palavra que sofreu inversão de sentido. Cliente veio do latim *cluere*, obedecer. O cliente original era aquele que contratava um advogado para defendê-lo em uma causa e cumpria cegamente suas determinações. Muito diferente do cliente atual, que tem vontade própria – e, não raramente, manda.

Companheiro. Companheiro é quem não hesita em repartir o próprio pão. E isso não é figura de linguagem: a palavra veio do latim, *con*, junto, e *panis*, pão. Apenas no século XIX o termo companhia passou a ser usado também no sentido de empresa. Mas com importante ressalva: Companhia Limitada. Para deixar claro que o pão não seria repartido de maneira igualitária entre todos os funcionários.

Compatibilidade. Essa palavra é ótima para definir o espírito de equipe. Formou-se pelo latim *con*, junto, e *patis*, sofrimento. Egoísta é alguém que pretende ser feliz sozinho. Masoquista é o que prefere sofrer sozinho. Grupo compatível é o que aprendeu a sofrer em conjunto. São colegas capazes de entender que, ao repartir o sofrimento, a carga individual fica menor. E mais suportável para todos.

Consultor. A palavra veio do latim *consultare*, aconselhar. O consultor é, portanto, aquele que dá conselhos. O aconselhamento, solicitado ou não, é uma arte secular. Mas foi apenas a partir do século XX que a palavra ganhou ingrediente novo: o preço. Conselho grátis continua sendo chamado de palpite, como o primeiro deles, aquele que a serpente deu a Eva no paraíso. Já no moderno paraíso corporativo, o conselho passou a ser pago, e chama-se consultoria. No princípio, era a cobra. Hoje, é o que se cobra.

Conversar. Só recentemente esse verbo adquiriu o sentido que tem nos dias atuais, o de duas ou mais pessoas falando entre si. Durante quase dois mil anos, o latim *conversare* significou viver junto ou comportar-se de forma igual. Em silêncio. Foi apenas no século XVII que os franceses mudaram o sentido da palavra, dando origem ao ditado é conversando que a gente se entende. Será?

Coragem. Quando todos os fatos e dados indicam uma direção a seguir, escolher a direção contrária requer muita coragem. Isso significa substituir a racionalidade, na hora de tomar uma decisão, por uma alternativa que não é fácil de explicar. Mas talvez a própria palavra explique: coragem vem do francês *courage*, que derivou de *cor* – coração, em latim. Tomar uma decisão na base da coragem é colocar a emoção acima da razão. Nem sempre dá certo, mas essa é uma das marcas dos líderes e dos empreendedores.

Dilema. Parece ser algo ruim, mas é bom. Muito bom. A palavra veio do grego *dis*, duas, e *lemma*, suposição. Um dilema são duas premissas de igual peso, que tornam qualquer escolha complicada. Mas isso ainda é infinitamente melhor que falta de premissas. Em empresas, e na vida profissional, significa que todo problema tem solução, mas toda solução tem problema.

Dizimar. A palavra veio do latim *decem*, dez. De vez em quando, nas legiões romanas, um em cada dez soldados era sacrificado para servir como exemplo aos outros nove. Muitas empresas continuam fazendo isso hoje em dia. Da mesma palavra veio dízimo, doação de 10% dos ganhos para a igreja. Dez é número de referência muito usado desde a Antiguidade – o sistema decimal vem do fato de termos dez dedos, e essa foi a primeira forma de calcular.

Educado. O líder nasce líder ou aprende a ser líder? Vamos consultar os antigos romanos. Em latim, *ducatus* era conduzido. Com o prefixo de negação "e" surgiu *educatus*, aquele que não é conduzido. Isto é, o líder, o que conduz. Os romanos acreditavam que um líder até podia demonstrar precoce espírito de liderança. Mas, mesmo assim, precisava adquirir conhecimentos para poder liderar.

Eficiente. Qual é mesmo a diferença entre eficiente e eficaz? As opiniões variam. O Dicionário Aurélio cita um como sendo sinônimo do outro. Mas quem parece ter descoberto a sutil diferença foram as agências de publicidade. Para elas, eficiência é executar com louvor uma série de funções – um carro é eficiente por ser econômico, seguro e durável. E eficácia é executar bem determinada tarefa – um creme dental é eficaz no combate às cáries. Um funcionário eficiente faz várias coisas com igual competência. Já um funcionário eficaz pode não ser bom em tudo, mas é ótimo para resolver um problema pontual.

Emular. A palavra êmulo veio do latim *aemulus*, rival. Emular significa escolher um concorrente como ponto de referência, e tentar repetir seu sucesso, ou se tornar melhor que ele. O êmulo é uma cópia que pretende superar o original. Embora a palavra exista há séculos, as empresas estão preferindo adotar um termo emprestado do inglês, que tem exatamente o mesmo sentido, mas soa mais bonito: benchmarking.

Escopo. O que é o escopo de um projeto? Uma visão geral dele? Ou a explicação detalhada de cada uma de suas etapas? Nenhuma das duas. Em latim, escopo era alvo. Ou, mais exatamente, a mosca do alvo, o minúsculo ponto em que a mira deve ser feita. O escopo de um projeto é seu ponto focal, seu centro, sua razão de ser. "Vamos falar do escopo do projeto" significa "Vamos ao que interessa, em vez de perder tempo discutindo detalhes pouco relevantes".

Escrúpulo. Em latim, *scrupus* era uma pedra, usada como medida de peso. E seu diminutivo – *scrupulus*, pedrinha – era a subdivisão desse peso. Mas muitos comerciantes preferiam calcular o peso da mercadoria de acordo com a cara do freguês. E, geralmente, roubavam no preço. Com o tempo, escrúpulo deixou de ser uma medida física e se tornou um parâmetro moral.

Espetacular. Do latim *spectare*, olhar, derivaram duas palavras. Uma é expectativa, que significa aguardar, e ter esperanças de que alguém nos enxergue. A outra é espetáculo, que quer dizer exibição pública. Em uma empresa, quem é bom e sabe que tem talento pode ficar esperando que os outros notem. Ou pode divulgar os resultados de seu trabalho para que todo mundo fique sabendo. Esse show público é o que chamamos de marketing pessoal.

Esperto. É a mesma coisa que expert, que é a mesma coisa que experiente. As três palavras vieram do latim *experiri*, que significa tentar. Mas a esperteza, em sua acepção menos nobre, de malandragem, é coisa nossa. Nenhum outro país registra o uso da palavra com o sentido de tentar enganar o próximo.

Estresse. Em inglês, tensão. Cientificamente, é a quantidade de pressão que um objeto consegue suportar antes de arrebentar. A palavra veio do francês antigo *estrece*, primeiro com o sentido de aflição diante de uma adversidade, e mais tarde, ali pelo século XVIII, com o sentido de opressão externa. A diferença para o sentido moderno é que agora a opressão surge de dentro para fora.

Estúpido. A palavra veio do latim *stupere*, ficar perplexo diante de algum fato. Daí derivaram estupidez, que é falta de bom senso, ou brutalidade que advém dela; estupendo, algo encantador; estupor, absoluta falta de reação. Portanto, não é recomendável deixar o chefe perplexo com alguma notícia inesperada. Porque a reação dele pode ser qualquer uma.

Etorre. Famoso desconhecido que criou uma lei metafísica: "A outra fila anda mais depressa". Outro filósofo popular, O'Brien, desenvolveu uma variação: "Se você mudar de fila, imediatamente a fila em que você estava começará a andar mais depressa". Por algum motivo obscuro, parece que o destino tende a estar contra nós e a favor dos outros.

Eufemismo. Em grego, *eupheme* significava algo como a arte do bem falar. Como figura de linguagem, eufemismo é a substituição de uma frase realista, porém dolorida, por outra mais palatável. Por exemplo: "Estou em busca de novos desafios" em vez de "estou desempregado". Ou: "Necessitamos avaliar cuidadosamente cada um dos ângulos estratégicos da questão" em vez de "estamos confusos e não sabemos bem o que fazer".

Euforia. A palavra veio do grego e significava ser capaz de suportar bem (uma situação). Na época, o termo era aplicado apenas aos ricos. Que, por ter dinheiro, suportavam bem qualquer situação. Por essa razão, viviam com aquela permanente cara de felicidade. Já quando um pobre começava a rir à toa, dizia-se que estava eufórico. Ou seja, comportando-se como se fosse rico.

Feedback. Palavra muito usada em empresas, quase sempre para amenizar uma crítica. "Vou lhe dar um feedback" soa melhor que "você pisou no tomate". A tradução literal é retroalimentação. Em uma máquina, a matéria-prima entra por um lado e o produto acabado sai pelo outro lado. O feedback seria o retorno das partes não devidamente processadas para o ponto de entrada. Em empresas, dar feedback é dizer para uma pessoa que a matéria-prima – a idéia – até que era boa. Mas o produto final – a execução – ficou aquém do esperado.

Fenômeno. A palavra é complicada – em grego, *phainomenon* –, mas o sentido é simples: aquilo que é percebido – tanto que um simples raio é chamado de fenômeno atmosférico. O sentido de talentoso surgiu só no século XVI. Veio da observação de que qualquer pessoa pode ser fenomenal, mas poucas são capazes de transformar suas habilidades em resultados práticos.

Fidelização. Palavra moderna para conceito muito antigo, o da fé. Para uma empresa, é indispensável ter clientes fiéis. A palavra veio do latim *fidere*, acreditar, e se aplica também aos funcionários: quanto mais acreditarem na sinceridade da empresa, mais estarão dispostos a remover montanhas.

Freguês. O termo é uma compressão verbal da expressão latina *filiu acclesiae*, filhos da mesma igreja. O antigo freguês era um paroquiano. Nos tempos medievais, tudo acontecia em volta da igreja da aldeia, e existia um único fornecedor de mantimentos. Os paroquianos se tornavam fregueses não porque a opção era a melhor, mas porque não havia nenhuma outra. A famosa frase "o freguês tem sempre razão" foi criada pelo inglês Gordon Selfridge, em 1886, quando abriu sua loja de departamentos, em Londres. Hoje, muita gente liga para um SAC, o Serviço de Atendimento ao Consumidor, e fica com a impressão de que a frase tem complemento: "O freguês tem sempre razão. Desde que não reclame".

Hierarquia. Seu chefe pensa que é Deus? A História dá razão a ele: a palavra hierarquia foi composta de duas palavras gregas: *arkhé*, comando, e *hierós*, sagrado.

Hipocrisia. A palavra veio do antigo teatro grego. Significava representar. Alguns atores eram tão bons que convenciam o público de que estavam de fato vivendo uma situação e não recitando um texto. Hoje, como ontem, o hipócrita é um artista.

Improvisar. Em latim, *improvisus* significava o que não foi visto antes. Os primeiros improvisadores equivaliam aos atuais repentistas. Eram poetas que compunham versos em público na base do "estalo". Na vida profissional, o improviso é vital quando todas as soluções já conhecidas não resolvem um problema novo.

Lacônico e espartano. Na Antiga Grécia, duas cidades-Estado disputavam o poder: Atenas e Esparta. Em grego, o nome de Esparta era *Lakon*. Em latim, *Sparta*. Dos rígidos hábitos de Esparta, ficaram duas palavras. A primeira é lacônico. Os guerreiros de Esparta eram treinados, desde criancinhas, para ficar de boca fechada. Assim, quando crescessem, jamais revelariam um segredo ao inimigo, mesmo sob tortura. A outra palavra é espartano. Aquele povo vivia com o mínimo indispensável, ou nem isso. Luxo e comodidades, nem pensar. Para muitas empresas, o lacônico-espartano é o modelo do funcionário ideal: custa pouco e nunca reclama. Mas, é bom lembrar, Esparta caiu no esquecimento e Atenas até hoje inspira a humanidade.

Lamúria. Aquela conversa cheia de lamentos, arrastada e monótona, sobre a empresa, o chefe, o salário... Parece papo de velório, e é mesmo. Os romanos celebravam o Dia de Finados em maio e davam à data o nome de *Lemuria*.

Linguagem. Desde sempre, o ser humano é um especialista em encontrar maneiras criativas para amenizar más notícias. Basta ver o caso da morte, que o poeta Manuel Bandeira chamava de "a indesejada das gentes". Cemitério, em grego, significava dormitório. Cadáver, em latim, era aquele que caiu. Defunto, que também veio do latim, queria dizer pessoa que cumpriu sua missão. Ou seja, sempre há uma razoável diferença entre o fato em si e a explicação do fato. As empresas aprenderam direitinho essa lição secular. Nelas, não há resultados ruins. Há momentos atípicos. E jamais existem erros. Existe, apenas, a necessidade de redirecionar a visão estratégica.

Lista negra. Em 1649, Charles I, rei da Inglaterra, foi condenado à morte. Seu filho foi exilado, mas fez uma lista com os nomes dos 58 juízes que participaram da decisão. Onze anos depois, o filho recuperou o trono e se tornou Charles II. Sua primeira providência foi mandar executar 13 dos juízes que estavam na lista, condenar outros 25 à prisão perpétua e expulsar os demais do país. Conclusão: estar na lista negra do chefe é sempre um perigo.

Management. Essa palavra tão americana é, quem diria, italiana. Veio de *maneggiare*, manejar, e derivou de *mano*, mão. No século XVI, os britânicos importaram a palavra e deram a ela um sentido bem específico: conduzir carruagens. O manager original era o cocheiro. Quando as carroças foram substituídas pelos carros, o sentido permaneceu. Nos primeiros anos do século XX, dizia-se manejar um automóvel. Mas com uma diferença: para os motoristas, o uso dos pés passou a ser tão importante quanto o uso das mãos. O moderno management continua a ser o que era: saber dirigir uma área sem meter os pés pelas mãos.

Maquiavélico. O estadista e escritor florentino Niccolò dei Machiavelli (1469-1527) foi o verdadeiro criador da lei de Gérson. Escreveu: "A vantagem pessoal deve ser colocada acima da moralidade". Poucos conselhos foram tão criticados através da História. E poucos foram tão acatados com tamanha desfaçatez.

Oportunidade. A palavra veio da expressão latina *op portus*, para o porto. Bons marinheiros eram os que sabiam aguardar a correta direção do vento, e o momento exato da maré, para atracar seu barco com segurança. Forçar a situação poderia redundar em naufrágio. Hoje, é a mesma coisa. Se a maré não estiver boa e o vento estiver soprando contra, isso poderá ser sinal de que haverá oportunidade à vista.

Oximoro. Nome que se dá a duas palavras seguidas, com significados opostos, em que a segunda enfatiza a primeira. Ou, no caso de empresas, a segunda tenta disfarçar o verdadeiro sentido da primeira. Por exemplo, ambiente humanizado. Chefe democrático. A pronúncia é ocsimóro paroxítona, com ó aberto.

Paciência. A origem da palavra é o latim *pati*, que tinha dois significados: sofrer e resistir. É por isso que hospitais chamam seus clientes de pacientes. Nas empresas, o sofrimento fica por conta da pressão. A resistência, por conta do empregado. No mercado de trabalho, a paciência já foi virtude. Hoje, é necessidade.

Parkinson. Cyril Northcote Parkinson (1909-1993), jornalista inglês, formulou a lei básica dos escritórios de outrora: "Todo trabalho se expande até preencher o tempo disponível". Atualmente, as empresas fazem o contrário: aumentam o volume de trabalho, acreditando que ele sempre se encaixará no tempo disponível.

Pistolão. Hoje, um círculo de bons relacionamentos profissionais tem o nome de networking. De 1970 a 1990, usava-se a marota sigla Q.I. – Quem Indicou. Antes disso, dizia-se pistolão. A palavra é mais nobre do que parece. É uma adaptação fonética do latim *epistola*, carta. Quem recebia uma recomendação, escrita por alguém bem empregado, e com prestígio, passava a portar um pistolão que abria muitas portas. Em resumo, o método sempre foi o mesmo. Só a palavra é que mudou.

Privilégio. É uma lei que se aplica a todos, menos a um. A palavra veio do latim *privus*, privado ou particular, e *legis*, lei. Privilegiado é alguém que está – ou julga estar – acima dos regulamentos a que os outros devem obedecer.

Próspero. Essa palavra, muito usada para augurar realizações, foi formada a partir do latim *spes*, esperança. Em sua origem, significava ajudar um amigo. O tempo desvirtuou a palavra, mas próspero Ano Novo ainda quer dizer estarei a sua disposição no ano que vem. E não tomara que você tenha sorte.

Reciprocidade. Discutir, qualquer um discute. Mas saber negociar é uma habilidade que nem todas as pessoas têm. Negociações sempre emperram quando uma das partes assume uma postura teimosamente radical, e em empresas isso acontece com muita freqüência. Negociações funcionam quando o ganho é mútuo e recíproco, e a própria palavra reciprocidade ensina a chegar a bom termo. Em latim, *re* é para trás e *pro* é para a frente. E é assim que se negocia desde que o mundo é mundo: recuando estrategicamente para depois poder avançar.

Recursos humanos. Ao criar a expressão, os americanos usaram o termo resources. E não recourses, que também existe em inglês. Resource veio do latim *resurgere* – como veio, também, nossa palavra ressurreição.

Quer dizer maneira de conseguir algo difícil. Já resource e recurso têm outra origem e outro significado: pedir ajuda – daí o verbo recorrer, na apelação de sentença judicial. A diferença é fundamental: resource indica criatividade e proatividade. Recourse é correr atrás do prejuízo. Qual das duas palavras define melhor o RH de sua empresa?

Secretária. Já há algum tempo, as secretárias vêm tentando encontrar novo nome para definir melhor a categoria: assistente-executiva, por exemplo. Porque parece que secretária se tornou um termo, assim, meio antigo. Tremendo engano. A palavra veio diretamente do latim *secretus*, segredo. Auxiliar secretário era o depositário de assuntos altamente confidenciais de seu senhor. Função de grande importância, exercida por alguém que sabia de tudo, mas não revelava nada. Não apenas as secretárias devem ter orgulho do nome que ostentam, como muitos funcionários dariam contribuição muito maior à empresa se aprendessem, simplesmente, a ser mais secretários.

Time. Somos um time é uma expressão muito usada em empresas para fomentar o espírito de equipe. A palavra de origem germânica team significava puxar e era usada para os bois que puxavam o arado. No século XVI, o termo foi estendido aos humanos que faziam trabalhos em conjunto. É a esse segundo sentido, presumivelmente, que as empresas atuais se referem.

Vaidade. Excessivo orgulho por algo que uma pessoa enxerga nela mesma, mas que os demais não conseguem admirar com igual intensidade. A palavra veio do latim *vanus*, vazio. Ao se espremer uma pessoa com alto teor de vaidade, obtém-se um suco de nada.

Vender. A palavra veio do latim *venum*, com o sentido original de bem disponível para negociação. Da mesma palavra surgiu venal, aquele que está disposto a ser comprado.

Versatilidade. O versátil é aquele profissional que não tem receio de algo novo ou diferente. A versatilidade é a habilidade, não muito comum, de alguém se adaptar rapidamente a uma situação inesperada. Por exemplo: a empresa está sendo vendida. Ou novo sistema está sendo instalado. Ou novo chefe foi contratado. Ou surgiu oportunidade de mudança para outra área, ou para outra cidade, ou para outro país. Ou – bate na madeira – vai haver reestruturação geral e alguns funcionários vão acabar dançando. E os que dançam, quase sempre, são os menos versáteis. A palavra versátil veio do latim *versatus*, virado do outro lado. Ou seja, quem realmente quer se vira.

EDITORA GLOBO

Edição e revisão Ana Tereza Clemente
Foto da capa Frederic Jean / Editora Globo
Capa, projeto gráfico e editoração eletrônica Marina Mayumi Watanabe

Editora Globo S.A.
Av. Jaguaré, 1.485
05346-902 – Sao Paulo, SP, Brasil
www.globolivros.com.br

1ª edição - 8ª reimpressão, 2008

Dados Internacionais de Catalogação na Publicação (CIP)
(Câmara Brasileira do Livro, SP, Brasil)

Gehringer, Max
Pergunte ao Max : Max Gehringer responde a 164 dúvidas sobre carreira. – São Paulo : Globo, 2007.

ISBN 978-85-250-4341-2

1. Administração de pessoal 2. Carreira profissional - Administração 3. Carreira profissional - Desenvolvimento 4. Carreira profissional - Mudanças 5. Carreira profissional - Planejamento 6. Mercado de trabalho 7. Perguntas e respostas I. Título

07-4865 CDD-650.14

Índices para catálogo sistemático:
1. Carreira profissional : Sucesso : Administração 650.14

Este livro, composto nas fontes Fairfield e Helvética,
foi impresso em Pólen 80g na Imprensa da Fé.
São Paulo, Brasil, outono de 2008.